모두가
붙잡을 때
나는
체코로
이사했다

본문 중 일부는 입말을 살려 표현하였습니다.

모두가 붙잡을 때 나는 체코로 이사했다

'만약 지구 반대편에 우리집이 있다면 어떨까?'
막연한 호기심이 어느 날 현실이 되었다

지은이 **조수필**

ㅇㅅ

prologue

짐을 싸는 마음

우리는 살면서 몇 번의 이사를 겪어야 할까. 누군가는 태어난 그 자리에서 생을 마감하기도 한다. 드문 일이지만 그런 삶도 있다. 그런가 하면, 헤아릴 수도 없이 떠도는 운명 또한 피할 길이 없다. 바로 나처럼.

1984년 5월의 어느 따뜻한 봄날. 경상북도 울진군 후포리에서 태어난 나는 경상도와 강원도를 오가며 유아기를 보냈다. 울진에서 컸던 시절은 너무 어렸기 때문에 기억이 전무하다. 내 머릿속 사진첩에 꽂힌 첫 장은 강원도 동해를 배경으로 찍혀있다. 어렴풋이 남아있는 그곳에서의 추억은 유치원 대신 다녔던 주산 학원과 피서객보다 낚시꾼이 더 많았던 바닷가 풍경이 대표적이다.

그 후로는 다시 짐을 싸서 경상도로 거처를 옮겼다. 5학년이 될 때까지 포항에 있는 초등학교, 아니 국민학교에 다녔다. 마지막 국민학교 세대였다는 사실이 자랑스럽게 여길 만한 일인지는 모르겠지만, 역사에 길이 남을 현장에 서 있었던 것만은 확실하다. 입학은 국민학교로 했는데 졸업은 초등학교로 했으니 말이다. 혼란을 일으킨 건 그뿐만이 아니었다. 졸업까지 단 1년밖에 남지 않았는데 영문도 모르고 서울로 떠나야 했다. 거기서 끝이었다면 내가 왜 이토록 이사에 대해 열변을 토하겠는가.

그로부터 3년 뒤… 중학교 2학년 겨울방학 때였지, 아마. 김포에서 울산으로 가는 국내선을 탔다. 생애 첫 비행기였기에 여러 감정이 교차했다. 심란한데 설레고 잠시 들뜨다가도 이내 멈칫하게 되는 복잡한 마음들이 뒤섞였다. 게다가 계절은 겨울. 12월이라 해가 짧아져서 그랬는지 창 너머로 보이는 건 온통 깜깜했다. 한 치 앞도 내다볼 수 없는 열다섯 인생처럼.

그 밤도. 그 창에 비친 밤하늘도. 마치 어제 일처럼 또렷한데 그날로부터 벌써 24년을 날아왔다. 한없이 나약했던 열다섯 여자아이는 그사이 성인이 되고, 사회인이 되고, 아내가 되고, 엄마가 되고… 이방인이 되었다.

서른아홉. 30대 끝자락에 서 있는 요즘의 나는 체코에서 이방인으로 살아가고 있다. 그리고 내게는 두 명의 동거인이 있다. 한 남자는 나에게 '아내'라는 이름을 선물했고, 다른 한 남자는 '엄마'라는 직함을 달아주었다.

2021년 4월, 내가 태어났던 그날처럼 봄볕이 따사로웠다. 우리 가족은 울산을 떠나 머나먼 유럽으로 날아왔다. 여행이 아니라 살려고, 살러 나왔다. 이번이 내 생애 몇 번째 이사인지 가늠조차 안 된다. 분명한 건, 이때까지와는 결이 다르다는 것이다. 하다 하다 해외 이사까지 하게 되다니. 이쯤 되면 '파란만장'이라는 단어를 안 쓸 수가 없다.

그렇게 남의 나라에서 생활한 지도 어느덧 1년이 흘렀다. 어떤 날은 다 포기하고 돌아가고 싶을 만큼 힘들다가도. 또 어떤 날은 눈물 나게 행복하다. 처음부터 그랬다. 내 인생에는 중간이 없다. 평범하게 사는 게 가장 어렵다더니 살아볼수록 그 말이 딱 맞다.

이 책은 '평범'하게 사는 게 가장 어렵다고 느끼는 방송작가 출신 아내와 한 번쯤은 '특별'하게 살아보고픈 회사원 남편의 해외 살이를 담고 있다. 타국에서 외로움을 견디기 위해 썼던 글들이 당신의 마음에 가 닿을 수 있다면. 나의 고백 같은 말들이 당신을 위로할 수 있다면. 아이를 재우고 노트북을 켰던 무수한 밤들이 내 마음에 별처럼 총총일 것 같다.

2022년 체코에서

조수필

SCENE I.

시작은 늘 어려워

물론 당시에는 말할 수 없이 괴로웠지만
누구나 지나간 일에는 관대해지는 법이니까.
그저 잊지 못할 에피소드 하나 얻었다고.
신은 인간에게 견딜만한 고통만 준다고.
그냥 이렇게 웃어넘길 수밖에.

어느 드라마보다 극적인 이별

그날은 무슨 정신으로 아침을 맞았는지 모르겠다. 어수선한 마음이 가라앉질 않아서 간밤에 잠을 설쳤더니, 몸이 땅으로 꺼질 듯이 무거웠다. 그래도 웃어야지. 반년 넘게 떨어져 있던 남편에게 가는 날인데 처지면 안 되지. 촤락~촤라락~ 얼굴에 연신 찬물을 끼얹고 정신을 가다듬는다. 대충 물기를 닦아내고 서둘러 아이를 챙긴다. 그런 와중에도 시선이 느껴진다. 우리 모자의 모습을 조용히 눈에 담는 그 눈빛들이 먹먹하다.

여러모로 위중한 시기에 어린 손자와 함께 먼 길 떠나보내는 친정 부모의 마음을 왜 모를까. 인천공항으로 달려가는 차 안에도 무거운 공기가 짙게 깔렸다. 하지만 누구를 살피고 헤아릴 겨를이 없었다. 해외 컨테이너 이사부터 부동산 정리, 병원 검진, 은행 업무, 입국 서류까지. 다시 생각해도 혼자서 감당하기 벅찬 일들이 숨 쉴 틈도 없이 휘몰아쳤다. 뭐 하나 만만한 게 없는데, 그 모든 과정을 속전속결로 해치우느라 몸도 마음도 방전 상태였다.

'우여곡절'이라는 말로는 부족하다. 남편도 없이 혼자 이리 뛰고 저리 뛰면서 애를 끓였던 날들. 그 시간을 무사히 건너온 나 자신을 다독이며 마지막 관문만을 기다리고 있었는데… 사고는 그때 벌어졌다. 어른들께 잠시 아이를 맡기고 화장실에 들렀던 단 몇 분 사이에 믿을 수 없는 일이 터지고 말았다.

"으에엥~~ 으에에에엥~~~"

'설마… 아니겠지' 했다. 그저 기우일 뿐이라고 애써 외면했다. 그러면 그럴수록 심장이 요동친다. 영문도 모른 채 불길한 예감에 휩싸인 나는 손을 씻다 말고 부리나케 화장실을 빠져나왔다. 뭐에 홀린 듯이 아이가 있던 곳으로 내달렸다. 그때, 멀리서 나를 발견한 엄마가 "큰일 났다! 빨리 와봐, 빨리~" 하며 소리치는 게 아닌가.

말도 안 돼… 어떻게 이런 일이 생길까. 출국까지 겨우 두 시간밖에 남지 않았는데 아이가 다치고 말았다. 할아버지 손을 뿌리치고 달아나려다가 오른팔에 문제가 생긴 것이다. 사람이 너무 그게 놀라면 시야가 정지화면처럼 보이기도 하나 보다. 아연실색의 상황을 정통으로 맞았다. 뭐라도 해야 하는데 뭘 해야 할지 판단이 서질 않는다. 아니지. 이럴 때가 아니지. 위급할수록 정신을 똑바로 차려야지. 당장이라도 주저앉을 것 같았지만 그럴 수가 없었다. 떨리는 목소리로 119에 도움을 요청했다.

"119죠? 여기 인천공항이고요. 국제선 출국장 앞인데요. 아이가 팔을 다쳤어요"

한시가 급하다고. 곧 출국인데 아이가 팔을 다쳤다고. 당장 병원에 가 봐야 하니 빨리 좀 와 달라고 애원했다. 그 뒤로 몇 분이나 흘렀을까. 어느 순간, 고개를 들어 보니 낯익은 차림의 대원들이 우리 앞에 서 있었다.

"구급차는요? 바로 가면 되나요?"

"그게 문제인데요…"

문제? 여기에서 더 생길 문제가 남아있다고? 듣고 싶지 않았지만 들을 수밖에 없었다.

"아시겠지만 여기가 섬이지 않습니까.
구급차는 인천대교 밖에서 넘어오고 있는데요.
시간이 조금 걸릴 것 같습니다"

이건 머피의 법칙이 분명하다. 탑승 시간은 점점 다가오는데 아무리 기다려도 구급차는 올 기미가 없고 대원들은 계속 기다리라는 말만 반복했다. 사색이 된 우리는 속수무책으로 피 같은 20분을 맥없이 흘려보내야 했다. 그 시간이 마치 20년처럼 느껴졌다. 촌각을 다투는 상황이었지만 일단 대원들을 믿어보기로 했는데… 그게 잘못이었다. 무슨 일인지 끝내 구급차는 오지 않았고 아이의 울음도 잦아들지 않았다. 더는 지체할 시간이 없었다. 어떤 식으로든 결단이 필요했다. 부모님과 상의 끝에, 결국 구급차를 포기하고 택시 승강장으로 눈을 돌렸다.

"너는 수속을 마쳐야 하니까
여기에 있어, 진료 보고 전화할게"

엄마인 내가 쫓아가야 마땅하지만 그러기엔 시간이 너무 촉박했다. 하는 수 없이 친정 부모님께 아이를 부탁했다. 어른들이 아이를 데리고 인근 병원에 다녀오는 사이, 나는 남편이 이메일로 보내 준 서류들을 뽑아 가까스로 수속을 밟았다. 팬데믹(감염병의 세계적 유행) 상황이 아니었다면 필요치 않을 서류들이었다. 공항에 비치된 PC를 만지는 내내 머리가 복잡했다. 무슨 정신으로 인쇄 버튼을 눌렀는지 기억이 나질 않는다. 손은 마우스 위에 있는데 마음은 온통 '아이가 크게 다친 건 아닐까?', '출국을 또 연기해야 하나?' 하며 궁리하느라 집중을 할 수가 없었다.

그 무렵 체코의 코로나19 상황이 심상치 않았다. '영국발 변이 바이러스'의 등장으로 대혼란을 겪고 있었다. 그로 인해, 이미 한번 출국을 연기했던 터라 더는 미룰 수도 없었다. 그런저런 근심들이 꼬리에 꼬리를 물고 나를 옭아맸다.

"여보세…요…"

"치료 잘 받고 돌아가고 있으니 걱정하지 마"

괴로움의 수렁에서 나를 건져 올린 건 아빠였다. 출발할 때보다 한결 편안해진 음성에 마음이 놓였다. 그런데 그

순간, 수화기 너머로 꺼이꺼이 우는 엄마의 통곡 소리가 들려왔다. 이런 일까지 보태지 않더라도 충분히 눈물바다가 될 상황인데 엎친 데 덮친 격으로 응급 상황까지 발생했으니 엄마의 눈물샘이 터진 것도 당연한 일이다.

왜 항상 안 좋은 일들은 어깨동무를 하고 달려드는지 모르겠다. 상황을 정리하자면, 병원에서는 아이의 오른쪽 팔꿈치가 빠진 거라고 진단했다. 치료는 생각보다 간단했지만, 미리 와 있던 환자분들을 제치는 일은 간단치가 못했다. 정말 감사하게도 그분들의 배려로 곧장 치료를 받을 수 있었고, 아이는 이내 안정을 찾았다.

하늘이 도왔다. 감사하기가 이를 데 없다. "후우~우~" 그제야 깊은 안도의 숨이 흘러나왔다. 내가 이렇게 진이 빠지는데 아이는 오죽 놀랐을까. 병원을 오가며 얼마나 혼비백산하며 울었는지, 지친 기색으로 할머니 품에 얼굴을 파묻고 잠든 걸 보니 만감이 교차했다.

'해외에 나가서도 이런 일이 생기면 어쩌지!'

'한번 빠진 팔은 습관적으로 빠진다던데 괜찮을까?'

주체할 수 없이 쏟아지는 근심 걱정에 앞으로 닥쳐올 체코 생활이 불현듯 두려워졌다.

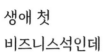

생애 첫
비즈니스석인데

방송국에서 하는 일이라는 게, 밖에서 보면 화려해 보일지 몰라도 실상은 늘 두통에 시달렸다. 그럴 때면 모든 걸 덮어두고 잠시 떠나 있는 게 상책이다. 그럴 수 없다면 노트북을 품에 안고서라도 멀리 달아나야 했다. 여행만이 내 안에 가득 찬 스트레스를 덜어준다고 믿었고 실제로도 꽤 효험이 있었다.

하지만 이날만은 얘기가 달랐다. 힐링은 커녕, 인생 최대의 스트레스를 맛보는 기분이었다. 심지어 생애 첫 비즈니스석이었는데 말이다. 남편과 나는 결혼하면서 버킷리스트를 만들었다. 그중의 하나가 비즈니스석을 타고 미국 여행을 해보는 거였다. 판타지 같은 꿈이지만 불가능한 일도 아니지 싶었다.

기존에 들고 있던 카드를 정리하고 항공 마일리지가 많이 쌓이는 신용카드를 새로 발급받았다. 우리가 결혼식을 올렸던 2017년부터 새 카드를 쓰기 시작했으니 4년 동안 제법 많이도 모였다. 딱 거기까지. 불어나는 마일리지를 보며 상상의 나래를 펼칠 때까지는 모든 계획이 완벽해 보였다.

남편 : 우리 미국 여행은 틀린 것 같아

나 : 그래, 이 판국에 무슨…

쓰흡. 아무래도 꿈이 너무 컸던 걸까. 목표치 만큼의 항공 마일리지가 수중에 들어왔을 때, 코로나19 시대가 도래했다. 그뿐만이 아니다. 바이러스보다 더 큰 변수는 따로 있었다. 남편의 근무지가 대한민국이 아닌 유럽으로 바뀐 것이다. 유럽 좋지. 문제는 타이밍이다. 좋은 기회인 것도 알고 내심 기다려온 것도 맞는데… 하필이면 왜 지금일까.

비즈니스석에서 호사를 누리며 미국으로 날아가겠다던 우리 부부의 깜찍한 꿈은 말 그대로 꿈에 지나지 않았다. 그렇다고 지난 4년의 수고가 영 쓸모없는 일은 아니었다. 두 돌도 안 된 아들과 그 아들을 부둥켜안고 좁은 기내에서 안간힘으로 버틸 아내가 마음에 쓰였는지, 남편이 나서서 좋은 자리로 옮겨주었다. 미국을 기대하며 만든 마일리지가 이런 식으로 쓰일 줄 누가 알았을까. 아깝지만 이렇게 활용하는 것도 의미가 있다며 좌석 승급을 제안한 남편. 만약 그가 먼저 그런 말을 해주지 않았더라면, 나처럼 우둔한 성격은 개의치 않고 회사에서 정해준 대로 앉았겠지만. 남편은 나와 달리 세심한 면이 있다. 그 덕에 난생처음 '비즈니스석'이라는 신세계를 경험하게 되었다.

TV 드라마에서 보면, 우아하게 영화나 한 편 보다가 새끼손가락을 치켜세우며 와인도 한잔 마시고. 그러다가 옆 좌석에 앉은 이성과 사랑에 빠지곤 하던데… 그건 어디까지나 아름다운 각본일 뿐이다. 내가 겪은 비즈니스석의 현실은 그처럼 고상하지도 달콤하지도 못했다. 그날의 우리를 본 누군가가 그 모습을 묘사한다면 대략 이럴 것이다.

"위아래로 헐렁한 베이지색 면 트레이닝복을 입은 애 엄마는요. 화장기 없는 얼굴에 머리를 질끈 동여매고 있었고요. 아이는 덩치가 제법 커 보였는데 아기띠 밖으로 쑥 내민 얼굴을 보니 사내아이 같더라고요."

그렇다. 캥거루처럼 아이를 품은 나는 '애 엄마'다. 그것만으로도 충분히 버거운데 손에는 무슨 짐이 그렇게도 많은지 수화물로 이미 두 개의 짐가방을 부쳤음에도, 기내용 캐리어 하나와 보스턴 가방까지 쥐고 있었다. 기내 입구까지 간신히 끌고 온 짐들을 승무원 발치에 내려두고 주섬주섬 표를 꺼내어 보여주었다. 그러자 한결 더 나긋해진 그녀가 우리 모자를 꿈의 자리로 안내했다.

'세상에… 이런 좌석이 실제로 존재하는구나!'

속으로는 흠칫 놀랐지만 그런 기분에 젖어있을 여유 같은 건 허락되지 않았다. 코로나19의 여파로 프라하행 직항 노선이 막힌 탓에 일이 더 번거롭게 됐다. 선택의 여지가 없어서 네덜란드 암스테르담 공항을 거치는 경유 편을 택하긴 했는데… 경유지에 내려서 대기하는 시간까지 계산하면…? 장장 열일곱 시간에 육박하는 아득한 여정이다. 그 대장정을 아이가 잘 견뎌줄지. 혹여나 비행 중에 탈이 나진 않을지. 수만 가지의 우려가 내 마음을 어지럽혔다.

매사에 거칠 게 없는 나였는데 부모가 되니 겁쟁이가 된다. 되려, 어떨 땐 아이가 나보다 더 의젓할 때가 있는데 이날이 그랬다. 기특하고 감사하게도 비행 내내 엥~ 울음소리 한번 내지 않고 얌전히 버텨준 나의 보물. 그날은 무사히 비행이 끝나기만을 기도하느라 크게 느끼지 못했는데, 지나고 보니 두고두고 감사할 일이다. 비록 나는 '엄마'라는 본분을 지키느라 비즈니스석 승객에게만 제공하는 특별 서비스를 제대로 누려보지 못했지만, 내 아이가 두 다리 뻗고 누울 공간이 있었던 것만으로도 그 값을 충분히 했다고 생각하니까. 그거면 됐다.

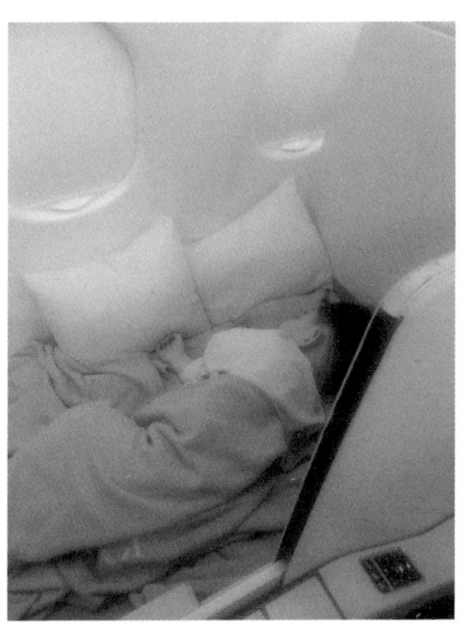

불 꺼진 기내에서 곤히 잠든 아이의 머리카락을 쓸어내리던 그날. 흔들리는 기체의 떨림을 감지하며 뜬 눈으로 아이를 지켰던 그날. 그때 이후로 나도 아이도 어딘가 모르게 조금씩 더 성장한 기분이다.

프라하 공항까지만 버텨 줘

솔로였던 20대의 마지막 겨울, 맡고 있던 모든 프로그램에서 손을 떼고 캐나다로 날아갔다. 생애 첫 장거리 비행이자 혼자서 하는 마지막 여행이었다. 그다음으로는 남편과 허니문으로 떠난 스페인행이 두 번째로 고됐다. 신혼여행이니까 휴양지를 택할까 하다가 "아냐, 이때 아니면 언제 유럽에 가보겠어?"라는 뉘앙스의 대화를 주고받으며 [마드리드 in, 바르셀로나 out]으로 코스를 짜고 둘이서 6박 8일 동안 스페인을 휘젓고 다녔더랬다. 그때까지만 해도 내 생애 세 번째 장거리 비행이 이렇게 연출될 줄은 꿈에도 몰랐다.

울산에서 김포, 김포에서 인천, 인천에서 암스테르담, 암스테르담에서 프라하까지. 다시 생각해도 숨이 조여 온다. 혼자서도 버거운 여정을 23개월 아기와 함께 해내야 했다. 어떻게 하면 이 미션을 잘 수행할 수 있을지, 4월의 마지막 토요일로 항공편이 정해진 후로는 줄곧 그 생각뿐이었다. 아무리 머릿속으로 상황을 그려보고 수를 놓아 봐도 명쾌한 답이 떠오르질 않았다. 믿을 거라고는 아기띠와 분유, 그리고 나 자신이 전부였다.

진부한 표현 중에 '엄마는 위대하다', '죽을힘을 다하면 못 할 게 없다'라는 말이 있다. 나는 더 이상 이런 얘기들을 진부하다는 말로 가벼이 넘길 수가 없다. 내가 지켜내야 할 생명체가 있다는 건, 그 존재의 엄마로 살아간다는 건… 나를 넘어서는 사명임에 틀림없다. 모든 일을 뒤로하고 지구 반대편으로 날아갔던 '혼자의 나'는 나약하고 미숙했다. 그렇지만 '한 아이의 엄마가 된 나'는 더 이상 나약할 수도 마냥 미숙할 수도 없다.

전에 없이 비장한 기류를 느꼈는지 아이는 평소답지 않게 순한 양이 되었다. 뜻밖에도, 말썽은 캐리어가 부렸다. 매장에 갈 시간이 없어서 온라인 쇼핑으로 급하게 산 기내용 여행 가방이 문제였다. 이번 비행을 위해 새로 장만한 것이기에 겉보기엔 멀쩡했는데, 경유지인 네덜란드 암스테르담에 도착할 때 즈음 슬슬 본색을 드러냈다. 비행기를 옮겨 타기 전에 기내에서 썼던 아이의 젖병과 옷가지들을 정리해서

넣으려고 보니 '아니, 이게 뭐야!'

순간 내 눈을 의심했다. 정말이지 부정하고 싶었다. 그러나 몇 번을 다시 확인해도 달라지는 건 없었다. 정확히 양쪽 지퍼 모두 완벽히 망가져 있었다. 탑승할 때까지만 해도 전혀 눈치채지 못했기에 육안으로 보고도 믿을 수가 없었다. 어쩌면 처음부터 징조가 있었는데 아이를 챙기느라 놓쳤을지도 모른다. 뭐가 됐든 그런 걸 따질 때가 아니었다. 잠들어 있는 아이가 깨기 전에, 비행기가 암스테르담 활주로에 닿기 전에 어떻게든 말썽쟁이 가방을 수습해야만 했다. 다급한 마음에 고장 난 지퍼를 억지로 몇 번 당겨보다가 '아니지… 이러다가 지퍼단이 통째로 찢어지기라도 하면?' 이런 생각에 덜컥 겁이 났다. 멀쩡한 캐리어도 아이를 안고 끌기에는 버거운데, 이 상황에서 안에 든 짐들이 모조리 쏟아지기라도 한다면? '으악~~~' 비명이 절로 터질 것 같다.

당장이라도 소리치고 싶었지만, 젖먹던 힘으로 정숙을 지켜냈다. 속절없이 망가진 가방을 바닥에 눕혀놓고 끙끙대고 있었는데… 오며 가며 승객들을 살피던 승무원들이 나를 보고는 알 수 없는 표정을 지었다.

'도움을 청해볼까? 아냐, 소용없을 거야'

아무리 최상급 서비스를 자랑하는 비즈니스석이라 해

도… 캐리어 지퍼단 수리? 이런 것까지 가능할 리가 없지 않은가. 어떻게든 스스로 이 난관을 타개해야 한다. 다른 방법은 없다. 그렇게 얼마나 웅크려 있었을까. 한참을 낑낑댄 후에야 손을 털고 일어날 수 있었다. 물론 고장 난 지퍼는 끝내 고치지 못했다. 그저 당장 터지지 않게 임시방편으로 만져 놓는 것이 최선이었다.

그렇다고 모든 책임을 가방에 돌릴 수는 없다. 시간이 부족하다는 핑계로 인터넷으로 급하게 주문한 것도 나였고, 하나라도 더 챙겨볼 요량으로 좁은 캐리어에 짐을 꾸역꾸역 쑤셔 넣은 것도 나니까. 하지만 아무리 나 자신을 탓하려 해봐도 차오르는 눈물까지 틀어막을 수는 없었다.

"후우~하아아~~"

언제 어디에서 내용물을 뱉어낼지 모를 불안한 그 녀석을 부여잡고 암스테르담의 공기를 들이켰다. 애써 숨을 고르려 해도 가슴에 턱 하니 걸려있는 바윗덩이는 좀처럼 사라지지 않았다. 그래도 뭘 어쩌겠는가. 성가시기만 한 감정은 개나 줘 버려야지. 정신을 바짝 차리고 먼저 내린 사람들의 뒤를 따랐다. 나보다 두 배쯤은 커 보이는 네덜란드 직원들이 검색대 앞에 일렬로 서 있었다. 시야를 가린 대기 줄이 짧아질 때마다 무언가 잘못한 학생처럼 주눅이 들었다. 드디어 내 차례다. 반응은 예상했던 대로다. 힘 좋게 생긴 암스테르담 공항 직원들도 구제 불능 지퍼를 이기지 못하고 오만상을 찌푸렸다.

Hey, where did you buy?

this is not working

이 가방 대체 어디서 산 거죠?

지퍼가 엉망이잖아요.

of course, I know. but··· you know?

that is a new one.

저도 알아요. 그런데··· 그거 아세요?

그 가방, 새 거예요.

웃프다는 건 이런 상황을 두고 하는 말이리라. 슬픈데 웃음이 새어 나왔다. 근엄한 얼굴로 검색대 앞에 서서 여유롭게 수다를 떨며 나를 내려다보던 거구의 공항 직원들도 나만큼이나 어이가 없는 눈치였다. 별일이 다 있다는 듯이 실소를 터뜨리며 망가진 애물단지를 돌려주었다.

이런 걸 다행이라고 해야 할지는 모르겠지만, 다행히도 가방은 최종 목적지인 프라하에 도착할 때까지 용케도 잘 버텨주었다. 좁은 기내에서 쏟아진 물건들을 주워 담는 불상사를 만들지도 않았고, 공항 대리석 위에 와다다다~ 내용물을 늘어놓는 창피를 주지도 않았다. 적어도 최악은 피한 셈이다.

물론 당시에는 말할 수 없이 괴로웠지만, 누구나 지나간 일에는 관대해지는 법이니까. 그저 잊지 못할 에피소드 하나 얻었다고. 신은 인간에게 견딜만한 고통만 준다고. 그냥 이렇게 웃어넘길 수밖에.

Poker Haus

그 밤에 핀 꽃은 화이트

이야기를 시작하기 전에 지그시 눈을 감는다. 그리고 그날의 공기를 더듬거려 본다. 그러자 한 장면이 기억의 수면 위로 부표처럼 떠오른다. 배경은 프라하 공항. 자정 무렵의 어두컴컴한 밤공기가 내 위로 무겁게 내려앉았다. 아기띠를 포대기 삼아 아이를 등에 들쳐업고 흔들리는 눈으로 익숙한 실루엣을 찾고 있다. 그 순간, 나만큼이나 수척해진 얼굴로 하얀 꽃을 한아름 안고 서 있는 한 남자의 모습이 점점 선명해진다.

떨어져 지낸 수개월 동안 오늘의 재회를 몇 번이고 상상했었는데… 역시 머릿속 그림과는 현격하게 달랐다. 현실에서 마주한 우리의 만남은 단 한 구석도 낭만적이지 못했다. 굳이 장르를 정하자면 짠내 나는 리얼 다큐멘터리에 가까울 터. 왜 그럴 수밖에 없었는지는 기억의 시간을 되감아 보면 알 수 있다.

세상은 온통 붉은 노을빛으로
활활 타오르고 있었다

인천에서 암스테르담까지 11시간 50분을 날아오는 동안 시차도 그만큼이나 벌어져 있었다. 한국 시간으로는 이른 새벽인데 네덜란드는 늦은 오후 즈음 되었다. 나도 아이도 비몽사몽인데 눈앞의 세상은 온통 붉은 노을빛으로 활활 타오르고 있었다. 게다가 입국장은 왜 그렇게 넓은지 게이트까지 가는 길이 천 리는 돼 보였다. 막다른 길에 이르러서야 걸음을 멈출 수 있었는데, 먼저 와 있던 중년의 한국 남성이 우리를 발견하고는 선뜻 자리를 내어주었다.

도움의 손길은 기내에서도 이어졌다. 이번에는 옆좌석에 앉은 예쁘장하게 생긴. 남자한테 이런 말이 실례일 수 있지만 솔직한 느낌이 그랬다. 여자인 나보다 미모가 출중한 유럽 남자가 옆에 앉았는데 외모만큼이나 마음씨도 고왔다. 내가 이런 인상을 받게 된 이유는 우리집 꼬마 때문이다. 암스테르담에서 탄 연결편은 좌석 간의 간격이 좁았다. 아이가 몸부림을 치다가 그만 그 남자에게 발길질을 해댔다. 너무 미안해서 얼굴이 화끈거렸다. 잽싸게 아이의 발을 움켜쥐며 사과했는데 너그러운 미소로 연신 괜찮다고 말해주었다. 괜찮을 리가 없는데도 말이다.

가장 길었던 인천-암스테르담 노선보다, 마냥 시간을 때워야 했던 세 시간의 스톱오버(경유지에서의 체류시간)보다, 암스테르담에서 프라하로 향했던 마지막 1시간 25분이 내겐 생지옥이었다. 그럼에도 버틸 수 있었던 건 힘든 순간마다 친절을 베풀어 준 고마운 이들 덕분이다. 프라하 공항에서 수화물을 찾으려면 두 손이 자유로워야 한다. 그러기 위해서는 아기를 뒤로 업어야만 했는데 아기띠로 혼자 업기에는 아무래도 역부족이었다. 염치 불고하고 옆에 있던 그 이쁘장한 유럽 남자에게 말을 걸었다. 내 아이에게 여러 번 발길질을 당해 내심 불쾌했을 텐데, 그런 내색 없이 흔쾌히 부탁을 들어주었다. 때로는 이름 모를 누군가의 상냥함이 쓰러진 누군가를 일으키기도 한다는 걸, 절절히 깨달았다. 음. 여기에서 아름답게 이야기를 마무리 지을 수 있다면 얼마나 좋을까.

아이를 업고 주섬주섬 짐을 챙겨 답답한 기내를 간신히 벗어났다. 그때가 아마 프라하 현지 시간으로 밤 11시 정도 되었을 거다. 눈은 반쯤 감겼고 몸은 천근만근인데 무슨 일인지 분위기가 심상치 않았다. 같이 내린 승객 중 일부는 하나둘씩 행렬을 벗어나고 있었다. 잠시 후, 나 또한 그들의 뒤를 따라야 했다. 출국장 한쪽 벽면에 놓인 컴퓨터가 우리 모자를 기다리고 있었다. 흰 것은 모니터요, 검은 것은 영어로다. 하아~ 산 넘어 산이구나.

'울고 싶다, 다들 나한테 왜 이러는 걸까?'

아무리 코로나 시대라지만 정말 해도 해도 너무하다. 나도 안다. 그들은 규정대로 따랐을 뿐이다. 그걸 몰라서가 아니다. 감성이 이성을 지배하는 순간이 온 것이다. 꾹꾹 참았던 울분이 터져 나왔다. 더는 분노를 주체할 수가 없었다. 무턱대고 항의했다. 안 통할 걸 뻔히 알면서도 준비해 온 서류 뭉치를 몇 번이고 흔들었다. 그때 나이가 지긋한 남성 직원이 나를 돕겠다고 나서지 않았다면 어떻게 됐을까.

피곤에 지쳐 분노를 키우는 사이, 다른 승객들은 모두 탈출에 성공했고 나와 내 등에 업힌 아이. 그리고 자정이 다 되어가도록 주인을 찾지 못한 낯익은 수화물만이 같은 자리를 빙빙 돌고 있었다. 그 모습을 보고 있자니, 뭐라 형언할 수 없는 서글픔이 밀려왔다.

그래서였을까. 그토록 그리웠던 남편과 반년 만에 만

났는데. 드디어 얼굴을 마주 보게 됐는데. 눈물 한 방울 떨굴 기력조차 남아있지 않았다. 눈물이 나오지 않는 건 남편도 마찬가지였다. 인천공항에서 아이의 팔꿈치가 빠져 병원까지 다녀왔다는 비보를 들은 남편은 우리를 기다리는 내내 눈물을 훔쳤다고 했다. 그러고 보니 못 본 사이에 얼굴이 많이 상했다.

어쩌면 이날을 기점으로 우리는 진짜 부부가 되었는지도 모르겠다. 그럴듯한 눈물의 포옹도 진한 입맞춤도 없었지만, 눈빛만으로도 모든 감정이 절절히 전해지고 있었다. 떨어져 지낸 시간 동안 서로를 얼마나 그리워했는지, 다시 만나게 돼서 얼마나 안도하고 있는지, 이런 말들을 굳이 음성으로 주고받지 않아도 표정으로 모든 걸 읽어내고 있었다. 조용한 재회. 그 속에서 먼저 침묵을 깬 건 남편이었다.

남편 : 자, 이거! 자기 주려고 환영의 꽃다발을 준비했는데 뭐가 좀 엉성하지? 포장을 내가 해서 그래

나 : 자기가 직접? 감동이네~

너무 예쁘다. 근데 있지… 애부터 좀 받아줘

반가움도 잠시, 현실 부부의 대화가 이어졌다. 남편이 꽃을 준비한 것까진 좋았는데 길게 대화를 나눌 상황이 아니었다. 아기띠를 풀어 헤치자 잠들었던 아이가 눈을 번쩍 떴다. 졸린 눈으로 내 등에서 탈출한 아이는 아빠의 얼굴을 보자마자 표정이 밝아졌다.

"아빠~ 아~빠!!"

이제껏 고생하며 업고 온 엄마는 안중에도 없는 눈치였다. 뭐지? 아주 잠깐 묘한 배신감이 스쳤지만 두 남자의 상봉을 지켜보는 내 입가에도 미소가 번졌다. 겨우 23개월 인

생에서 6개월이나 떨어져 있던 아빠인데 용케도 잊지 않고 있었다니. 그 사실만으로도 왈칵 눈물이 차올랐다.

'다사다난'이라는 말로도 부족했던 2021년. 그해 4월의 마지막 토요일 밤. 봄이라고 하기엔 바람이 몹시 차가웠다. 시린 밤공기 때문이었는지 몰라도 내 마음에 들어온 프라하의 첫인상은 온통 검은빛이었다. '유럽에서 아름답기로 소문난 이 도시도 밤의 장막을 드리우니 이리도 쓸쓸하구나' 싶었다.

그날 밤, 불구덩이에서 막 빠져나온 듯 새까맣게 탄 내 속을 비춘 건 까를교의 야경이 아니다. 남편이 수줍게 내민 이름 모를 흰 꽃이었다. 아무것도 모른다는 듯 순결하게 피어있는 하얀 꽃송이들을 보니 내 마음에도 빛이 들었다.

나도 너희처럼 이곳에서
다시 순백의 꽃을 피우리.
다시 일어나 봄을 맞으리.

그렇지만 오늘은 좀 이해해 줄래?
딱 오늘까지만. 시들어 있을게.

프라하 올드타운 'H'호텔에서

그럼 프라하에서 사는 거야?

작년 이맘때였다. 그날도 전속력으로 노트북 자판을 두드리고 있었다. 오후 2시부터 진행하는 라디오 생방송을 목전에 두고 원고 작업에 한창 몰두해 있었는데 "지이이이잉~ 징징~" 작가실의 적막을 깨는 요란한 전화의 진동벨 소리가 바로 귓전에서 울려 퍼졌다.

남편 : 바쁘지? 잠시 통화 돼?
오늘 확실히 발령이 났는데…

나 : 발령? 오늘?

남편 : 응, 그런데 러시아는 아니야

나 : 아니라고? 그럼 어딘데?

체코의 공업도시 오스트라바(ostrava)

여담이지만 정식으로 주재원 발령이 떨어지기 전까지 우리 부부는 전혀 다른 쪽으로 헛다리를 짚고 있었다. 러시아 북서부에 있는 상트페테르부르크(Sankt Peterburg)법인으로 가게 될지도 모른다고 한동안 김칫국을 들이켰는데 뜬금없이 체코라고?

"잠깐만…! 그럼 우리 프라하에서 사는 거야? 꺄오~~"

이렇게 또 한 번 설레발을 치는 내게 남편이 찬물을 확 끼얹었다.

"무슨 소리야~ 그럼 우리나라 사람들은 다 서울에서 살게?"

그 말에 갑자기 힘이 쭈욱 빠졌다. 그다음 대사는 더 이상 듣고 싶지도 않았다. 낭만의 도시, 프라하가 아니라면 어디인들 무슨 소용이람.

시무룩한 마음에 프라하가 아니면 어디든 상관없다고 말은 했지만… 실은 몹시 동요하고 있었다. 새로운 환경에 대한 기대와 호기심은 '봄'을 닮았다. 괜히 설레고 괜히 들뜬다. 봄에 만난 이 도시의 이름은 오스트라바(Ostrava). 뭐랄까. '체코의 울산' 같은 곳이다. 자연과 공업의 균형을 맞추려는 울산과 오스트라바. 그런 점에서 두 도시는 참 많이 닮았다.

수도인 프라하에 비할 바는 아니지만, 속속들이 나름의 매력이 숨어 있다. 무엇보다 집 근처에 공원이 많다는 점이 남다른 호감으로 다가왔다. 한국에서 '공세권'에 살려면 집값이 만만찮게 들 텐데 여기는 어딜 가나 나무가 우거져 있다.

'여기가 공원이야, 숲이야?'

예쁜 공원이 많은 오스트라바

규모를 가늠할 수 없는 울창한 공원길을 거닐다 보면 뜻밖의 선물을 받게 된다. 마치 보물찾기를 하는 기분이다. 어스름한 저녁, 샛노란 불빛으로 사방을 밝히는 시청 옆 공원 맥주집은 어느새 우리의 방앗간이 되었다. 크림맛이 나는 묵직한 거품의 유혹을 당해낼 수가 없다. 공기가 제법 서늘한 날에는 맥주 대신 따뜻한 라떼를 손에 쥔다. 알코올과 카페인. 어느 쪽이든 좋다. 잠깐의 여유를 맛보고 다시 걸음을 재촉한다. 그러다 우연히 숲속의 음악회를 만난 적이 있는데… 무성한 나무들이 거대한 스피커가 되어 공원 전체에 바이올린 선율을 가득 퍼뜨리고 있었다. 눈물 나게 아름다운 여름밤의 선물이다. 살다가 문득 이런 순간들과 마주할 때. 살아있음에 환희를 느낀다.

한 여름 밤의 꿈 같았던 '공원 숲' 속의 음악회

시청 옆 공원 맥주집

터널이 길수록
햇빛은 눈부시다

봉쇄령. 말만 들어도 숨통이 조여 온다. 나보다 먼저 체코 생활을 시작한 남편의 말로는 암흑, 그 자체라고 했다. 생필품을 파는 최소한의 가게들만 영업을 이어가고 나머지 상점들은 일제히 문을 걸어 잠갔다. 거리에는 휑하니, 낙엽만 굴러다닐 뿐, 사람들은 외출을 자제하고 가급적이면 집에 머물렀다는 전언이다. 그때에 비하면 지금의 체코는 완전히 다른 세상이다. 이 도시의 두 얼굴을 모두 지켜본 남편은 온도 차를 크게 느끼고 있다.

"뭐야! 광장에 사람이 이렇게 많은 건 처음 봐", "우와~ 이 쇼핑몰에 이런 매장도 있었어?" 하며 흠칫 놀라기 일쑤다. 극강의 제재를 당해보지 못한 나로서는, 남편의 이런 반응이 그저 신기할 따름이다. 정말 다행스럽게도 나와 아이가 들어오고 얼마 지나지 않아, 거짓말처럼 봉쇄령이 풀렸다. 코로나19로 침체 돼 있던 회색빛 도시에 차츰 생기가 돈다. 숨어 있던 사람들은 다시 거리로 나와 하나둘씩 맨얼굴을 드러내기 시작했다. 야외에서는 마스크를 착용하지 않아도 된다는 정부 방침에 따른 것이다.

2021년 2월, 체코 보건부는 백신 수급에 관한 긍정적인 소식을 전했다. EU 집행위에서 진행하는 회원국 공동구매에 동참했으며 일차적으로 1,100만 명 분의 백신을 확보했다는 내용이 주를 이뤘다. (출처 'KOTRA 해외시장 뉴스') 참고로 체코 인구는 약 1,073만 명을 웃도는 수준이다. (출처 'KOSIS 국제통계정보')

가파른 백신 접종률이 죽어있던 도시를 깨우고 있다. 물론 실내에서는 여전히 마스크를 써야 하지만! 적어도 지금의 체코는 조심스럽게나마 일상을 되찾고 있다. 아이들 핑계로 어른들이 더 즐거운 동물원도 다시 문을 열었고, 남편이 내내 눈독 들이고 있던 축구 경기장에도 불이 번쩍번쩍하다. 이번 여름, 오스트라바의 아이들은 낮이면 호숫가에 있는 워터 파크에서 물놀이를 즐겼고 밤에는 풀벌레가 우는 숲에서 모닥불을 피워놓고 캠핑의 추억도 만들었다.

그 틈에 끼어 우리 세 식구도 마음의 빗장을 풀고 이방인에서 이웃으로 한 걸음씩 발을 내딛고 있다. 생김새도 다르고 언어도 다르고 살아온 정서까지 뭐 하나 같은 게 없지만… 그럼에도 우리는 같은 하늘 아래에서 동시대의 희로애락을 함께 겪어내고 있으니까. 이런 관계라면 '이웃사촌'은 좀 머쓱해도 '이웃 동지' 쯤은 되지 않을까.

밤 산책, 기나긴 봉쇄령 끝에 되찾은 일상

체코에 우리집이 있다니

우리의 첫 집이었던 신혼집은 아담한 만큼 아늑했다. 울산의 젖줄인 태화강변에는 고층 아파트들이 키재기를 하듯 들어서 있는데 뒤늦게 가세한 새 아파트들에 비하면 우리의 울타리는 고참 중에서도 최고참 계열이었다. 나이 많은 아파트라 손 가는 곳이 많긴 했지만, 세대수도 많고 소위 말하는 '초품아(초등학교를 품은 아파트)'인 데다 나름 번화가에 있어서 신혼 라이프를 누리기엔 부족함이 없었다.

차로 5분이면 심야 영화를 즐길 수 있고, 편한 차림으로 강변을 거닐 수도 있다. 밤 산책을 하다가 입이 궁금해지면 단골 분식집에서 순대와 떡볶이를 집어 먹으며 둘만의 소소한 행복을 만끽했다. 그런 즐거움도 잠시. 달달한 신혼의 맛은 유통기한이 있었고 우리에게 주어진 시간은 딱 9개월이

었다.

뱃속에 생명이 찾아오면서 많은 것들이 달라졌다. 우리 둘의 신혼집은 새 식구의 첫 보금자리로 빠르게 변해갔다. 신혼살림에 맞춰 준비한 혼수들은 점점 쓸모를 잃어갔고 결혼선물로 받은 아기자기한 장식품들 역시 천덕꾸러기 신세가 되어 뿔뿔이 흩어졌다.

뭐, 그런 게 무슨 대수일까. 우리 사이에서 축복 같은 생명이 태어났고 그로 인해 삶의 구심점이 바뀌었다. 부모라는 이름으로 다시 태어난 남편과 나는 이 아이를 위해 더 나은 삶을 살겠노라 굳게 다짐했고 그 다짐은 자의 반, 타의 반으로 이내 실행에 옮겨졌다.

나　: 여보, 여기가 우리집이야?

남편 : 응, 어때? 사진으로 본 그대로지?

그랬다. 나는 우리의 두 번째 집을 사진으로 처음 만났다. 서너 장 밖에 안되는 집 사진을 마르고 닳도록 넘기면서 '침대는 어디에 놓을까', '냉장고 자리가 애매하네', '현관에 신발장은 원래 없는 건가?' 혼자 별의별 궁리를 하며 머릿속으로 퍼즐을 맞춰 나갔다.

부질없는 일이었다. 내가 아무리 가상 이사의 시뮬레이션을 돌려봤자, 현실로 적용하기에는 여러 가지로 무리가 따랐다. 이삿날은 다가오는데 몸은 아직 한국에 있다. 물리적으로 가능한 건 의미 없는 잔소리뿐이다. 결국 이삿짐보다 한 달이나 늦게 도착했는데… 체코집의 실물을 영접한 나의 첫 소감은, 한 마디로 "오~마이 갓!"

남편 : 왜 그래? 집이 마음에 안 들어?
나 : 휴… 그게 아니라… 세상에… 집이…
자기도 치운다고 치운 거지?
남편 : 응, 한다고 한 게 이 상태야
평생 살 것도 아닌데
대충 넣어두고 쓰면 안 돼?

안되고 말고지. 정리가 불필요한 소모전이라면 왜 다들 신박하게 치우려고 공을 들이겠는가. 지금은 종영했지만 tvN 예능 프로그램 <신박한 정리>는 방영 기간 동안 많은 화제를 모았다. 물론 전문가의 신박함은 따라갈 수 없겠지만, 최소한 내 물건이 어디에 있는지 정도는 파악이 돼야 하니까.

그리하여 시차 적응이고 뭐고 오자마자 집에 콕 박혀서 정리 작업에 돌입했다. 24시 독박 육아전을 치르는 와중에도 기회만 생기면 보기 싫게 쌓여있는 짐 더미를 걷어냈다. 평일 밤중에는 남편과 아이가 잠든 틈에 홀로 부엌에 서서 딸깍~ 맥주 캔을 땄다. '혼맥'이라 쓰고 '노동주'라 읽는 시원한 액체를 벗 삼아 시간 외 근무까지 불사했다. 하지만 그런 식으로 해결될 양이 아니었다. 벼르고 벼르면서 주말이 오기만을 기다렸다가 두 남자를 놀이터나 공원으로 쫓아 보낸 후에야 겨우겨우 남은 숙제를 끝낼 수 있었다.

그렇게 몇 날 며칠을 쓸고 닦으며 새 둥지에 정을 붙이고 살다 보니 어느새 석 달이라는 시간이 흘렀다. 여전히 만족스럽지는 않지만 거슬리지 않을 정도는 된 것 같다. 하긴. 세상에 완벽한 게 있기는 할까. 아무리 반짝반짝 광을 내 보아도 더럽혀지는 건 한순간이다. '말도 안 돼! 체코에 우리집이 있다니!' 그림 같은 집을 꿈꾸며 이곳으로 날아왔지만 내가 기대한 그런 집은 어디에도 없었다.

"사람이 있을 곳은
누군가의 마음뿐이다"

좋아하는 소설가, 에쿠니 가오리가 말했다. 사람이 있을 곳은 누군가의 마음뿐이라고. 체코에 온 뒤로 한동안 이 말을 곱씹었다. 어쩐지 그녀가 나에게 일러주는 것만 같아서. 내가 살아갈 곳은 이 낯선 나라도 아니고 독특한 구조의 체코식 아파트도 아니라고 귀띔해 주는 것 같다. 그렇게 생각하니 더는 '집'에 연연할 이유가 없어졌다.

아직 모든 게 몸에 익지 않아서인지 깊은 잠을 자기가 어렵다. 이른 새벽녘, 오늘처럼 저절로 눈이 떠지는 날에는 거실 창가에 서서 나만의 은밀한 시간을 갖곤 하는데… 푸른 밤과 붉은 아침이 맞교대를 하는 찰나를 훔쳐보며 '오늘 내 마음의 집은 안녕한가' 이렇게 자문해 본다.

아파트인데 왜, 집집마다 다르게 생겼을까

'익숙하지 않아 어색하다'라는 사전적 의미를 가진 말.

생.경.하.다. 익숙하지 않은 나라에 와서 어색하게 살아가고 있는 지금 나의 현실과 잘 들어맞는 언어다. 어쩌다 외국인이 된 내 눈에는 온통 낯선 것들 투성인데 그중에서도 가장 생경한 건 아이러니하게도 우리집이다. 체코에 있는 우리집은 아파트로 분류되는데 이제껏 내가 쌓아 올린 공동주택에 대한 고정관념을 무참히 깨뜨렸달까.

A타입, B타입 말고
그냥 My Type

'59㎡ A타입, 84㎡ B타입'

어느 건설사 할 것 없이 우리나라 아파트의 전용 면적은 대체로 규격화되어 있다. 면적만 그런 게 아니라 내부 구조도 마치 복사해서 붙여 놓은 것처럼 일정하다. 불과 몇 달 전까지 우리집이었던 울산집 역시 그랬다. 거금의 돈을 들여 삐까뻔쩍한 인테리어로 환골탈태를 한다면 또 모를까. 한국의 아파트는 윗집이나 아랫집이나 별반 다를 게 없었다.

그런데 어째서 여긴… 집집마다 구조가 다른 걸까? 무슨 아파트가 이렇게 제각각이지? 모름지기 아파트란 정형

화의 표본이라 믿었건만. 아파트에 대한 내 정의가 뿌리부터 흔들리고 있다. 맨 처음 이 집에 입성했을 때 생각했다. '넓지도 않은 복도에 무슨 문을 이렇게나 많이 냈을까'라고. 저마다 속을 알 수 없는 다섯 개의 문이 잠시 혼란을 일으켰는데 가장 의뭉스러운 문은 욕실과 안방 사이에 뚫려있다. 커다란 목재로 된 입구를 지나면 직사각형 모양을 하고 있는 또 하나의 방이 나타난다. 여기가 바로 주방이다. 그렇다면 거실은 어디에 있을까? 방처럼 생긴 부엌의 맨 끝자락까지 걸어가면 ㄴ자 구조로 거실이 붙어있고 그 끝에 있는 유리문을 열면 외부 테라스로 연결된다.

여기에서 말하고자 하는 핵심은 '구조'에 있다. 이 아파트 안에 있는 세대들 중에 이런 생김을 가진 건 우리집 뿐일지 모른다. 한국의 아파트 부녀회장처럼 다른 집을 방문할 수 있는 권한이 없기에 장담할 수는 없지만, 넉 달 동안 생활하며 지켜본 바로는 그렇다. 이 건물 어디에서도 통일성을 찾아볼 수가 없다.

> 네모난 침대에서 일어나 눈을 떠 보면
> 네모난 창문으로 보이는 똑같은 풍경
>
> *화이트의 <네모의 꿈> 中*

이 노랫말처럼 살아왔다. 남들과 내가 크게 다르지 않다고 느낄 때 안정감이 생겼다. 네모난 아파트에서 다른 이들과 규격을 맞추면서 어떻게든 평균 안에 들려고 부단히도 애를 썼다. 그 모든 노력은 해외 살이를 이유로 잠시 중단됐고 앞으로 어떻게 살아야 할지 고민에 빠져있던 차에 이 낯선 환경이 내게 말을 걸어왔다.

'어차피 이렇게 된 김에
생각의 구조를 바꿔보는 건 어때?'

하늘 아래 똑같은 사람이 없듯이 이 아파트 지붕 아래 똑같은 집은 없다. 어떤 집은 ㄷ자로 돼 있고, 어떤 집은 ㄹ자로 지어졌다. 어떤 집은 테라스가 안방에 붙어있다면 또 어떤 집은 주방으로 나 있기도 하다. 창호의 위치나 크기도 각양각색이다. 같은 건물 안에 있는 집이 맞나 싶을 정도로 집집마다 구조가 판이하게 다르다.

처음에는 이런 사실이 어색하고 조금은 불편하기도 했다. 한 아파트에 사는데 A집은 우리보다 거실이 더 넓게 빠진 것 같고. B집은 테라스 위치가 어쩐지 더 좋아 보이고. 이런 식으로 비교하기 시작하니 한도 끝도 없었다. 이래서 남

거실이 달린 부엌으로 통하는 문

의 떡이 더 커 보인다고 하나 보다. 따지고 보면 집은 아무런 잘못이 없다. 무언가 불공평하다고 여기는 나의 못난 사고 방식이 문제였던 거지.

체코에 있는 모든 아파트가 이렇게 개성이 충만한지는 알 수 없다. 분명한 건 내가 그려왔던 '네모의 집'과는 확실히 거리가 멀다. 뭐, 충격은 좀 받았지만 말이 안 될 것도 없다. 한 걸음 떨어져서 이성적으로 생각해 보면, 같은 지붕을 뒤집어썼다고 해서 502호와 602호가 꼭 같아야 할 이유도 없지 않은가. 집의 생김만 그런 게 아니라 사는 방식도 마찬가지다. 옆집에 사는 현지인 가족이 스테이크에 와인을 기울일 때, 우리집은 삼겹살에 소주를 곁들이는 것과 같은 맥락이다.

솔직히 이런 말을 하는 것도 모순이다. 지금까지와는 다르게 살아보겠다고 해외 살이를 결정해놓고, 막상 현실로 맞닥뜨리니까 뭐가 어떻게 다른지만 찾아내고 있다. 반대로, 여기까지 와서 한국에 있을 때와 똑같은 생활만 하다가 돌아간다면? 그것보다 억울한 일이 또 있을까? 훗날 그런 후회가 들지 않게 남아있는 시간 동안 조금 더 적극적으로 생경한 내가 되어보려 한다.

여성스럽지 않아도 여자니까

'선머슴 같다'는 말을 들어본 적은 없지만 그렇다고 딱히 여성스러운 구석도 없다. 그저 신이 나를 여자로 살게 하셔서 주어진 운명에 순응할 따름이다. 오죽하면 날 낳고 기른 우리 모친은 "너는 생긴 것만 여자애야"라고 했을까. 그래도 다행이다. 겉모습이라도 그래 보여서. 물론 이런 말을 하는 내게도 살뜰히 살펴보면 어딘가 여자다운 면이 있기야 하겠지만, 그런 모습은 굳이 찾아봐야 할 정도로 드물다.

가령, 엄마와 여동생이 백화점 쇼핑을 하는 날에는 근처 카페에서 일을 하고 있다가 "언제 와? 이것저것 보기는 많이 봤는데 손에 건진 건 없어"라는 전화를 받는다. 그럼 나는 뒤늦게 합류해서 "뭐 뭐 봤는데? 그거? 그것보다는 이게 더 괜찮은데?"라는 직설로 그녀들이 소득 없이 다리품을 파는 일에 종지부를 찍곤 했다. 여기에서 소득이 없다는 건 순전히 내 입장이고 엄마와 동생은 꼭 무언가를 사지 못해도, 새로운 트렌드를 감상하는 것만으로도 적잖이 즐거워 보였다.

아무튼 난, 두 여인과 취미가 좀 달랐다. 늘 그런 건 아니지만 언니라기보다는 오빠스럽고 딸이라기보다는 아들스러울 때가 있다. 요즘 같은 세상에 여성스럽니 남성스럽니 이런 말을 운운하는 자체가 구태의연하다는 걸 몰라서가 아니다. 하지만 천지가 개벽을 해도 달라지지 않는 성(性) 정체성이라는 게 있으니까. 내가 아무리 여성성을 거부해도 '결혼'이라는 제도를 받아들인 이상, 육아와 살림을 등한시할 수 없는 것처럼 말이다.

흠. 성 정체성이라… 곰곰이 생각해 보니, 내 안에도 여성스럽고 싶은 욕구는 늘 흘렀던 것 같다. 쇼핑에는 흥미가 없지만 예쁜 옷은 입고 싶고, 요리에는 관심이 없지만 플레이팅이 잘 된 음식을 보면 기분이 좋다. 꽃꽂이를 배운 적은 없지만 색감이 예쁜 꽃들을 보면 눈을 떼지 못하고, 여행지에서 아기자기한 기념품을 발견하면 그냥 지나치는 법이 없다.

단지, 이런 면면들을 가볍게 덮을 만큼 외향적인 성향이 조금 더 우세한 것뿐이다. 하지만 성향보다 힘이 센 건 환경이 아닐까. 여성성이 부족하다고 느꼈던 나도 그럴 수밖에 없는 현실에 놓이니까 전혀 다른 내가 된다.

매일 집안을 쓸고 닦는다. 눈을 뜨면 널브러진 이부자리부터 반듯하게 정리하고 햇볕에 보송보송하게 마른 수건들을 차곡차곡 개어서 욕실 서랍 한 칸에 가지런히 넣는다. 오전에 해야 할 집안일이 끝나면 아이를 유모차에 태워 장을 보러 나간다. 신선한 식재료들을 장바구니에 담다가 계산대 근처에 비치된 꽃들을 힐끔거린다. 개중에 가장 색이 쨍한 걸로 한 다발 사 들고 와서는 주방 선반에 잠자고 있던 화병을 꺼낸다. 입이 둥근 유리병을 이리저리 돌려가며 어떻게 하면 가장 조화롭게 꽂을 수 있을까 고심한다. 사실은 어떻게 꽂아도 예쁜데 말이다. 꽃이 왜 꽃이겠는가. 존재만으로 공기를 바꿔놓는다. 마법의 꽃송이들 덕분에 칙칙했던 무채색 식탁이 몰라보게 환해졌다.

나도 내가 이렇게 살게 될 줄은 상상도 못했다. 밤낮없이 노트북을 끼고 앉아서 손가락이 저려올 때까지 원고를 써대던 내가. 방송국에 뼈를 묻을 것처럼 야근을 밥 먹듯이 하던 내가. 만사를 다 제쳐두고 살림을 한다. 편하려는 게 아니다. 감히 깎아내릴 수 있는 일도 아니다.

살림. 한 집안을 이루어 살아가는 일. 누군가는 꼭 해야만 하는 일이고, 이제는 내 몫이 되어버린 삶이다. 다만, 처음부터 이런 그림을 그려놓고 시작한 게 아니기에 한동안은 혼란스러웠다. 바보 같은 소리지만, 밑도 끝도 없는 자신감이 있었다. 나 같은 워커홀릭은 제도권 안에 들어가더라도 어떤 식으로든 '나다움'을 지켜낼 거라는 믿음이 컸다. 내 안에 굳은 심지만 있다면 어떤 시련이 와도 문제없을 거라는 착각. 그 안일한 사고가 내 눈을 가렸다.

결혼이 그렇게 심플한 거라면 얼마나 좋겠는가. 출산을 하고 한 달도 채 안 돼서 산후우울증을 겪었다. 아이는 정말 사랑스럽고 말로 다할 수 없이 예뻤지만, 그와는 별개로 괴로운 건 괴로운 거였다. 축복 같은 생명을 얻었다는 기쁨만큼이나 나를 상실했다는 좌절감을 떨쳐내기가 힘들었다. 그러던 차에 다시 일할 수 있겠냐는 제안을 받았다. 결국 몸을 푼 지 4개월 만에 라디오 작가로 복귀했는데… 일과 육아를 병행하느라 몸은 피로했지만, 산후우울증은 말끔히 떨쳐낼 수 있었다.

그렇게 워킹맘으로 1년을 살았다. 고작 일 년 만에 또다시 신변에 변화가 생길 줄은 몰랐다. 해외 살이는 결혼이나 출산보다 더 강력한 변수로 다가왔다. 내 인생에 이보다 더 파격적인 이벤트가 또 있을까 싶을 만큼.

엄청난 회오리에 몸을 맡긴 기분이지만, 그래도 아직은 그럭저럭 견딜만하다. 어느 가족에게나 굴곡은 있게 마련이고 지금 우리는 '해외 살이'라는 한 배를 탔다. 늘 순항이면 좋겠지만 그런 항해는 판타지물에서도 보기 드물다. 때론 큰 파도가 들이닥치고 때때로 폭풍우가 휘몰아치는 날도 있겠지. 그럴 때마다 나 혼자 살겠다고 이탈한다면 배는 산으로 갈 수밖에 없다. 내 인생이지만 나만을 위한 삶이 아니기에 조화와 인내를 가슴에 새기며, 오늘도 수양하는 마음으로 체코인 듯 무인도인 듯 그냥 이렇게 집콕 라이프를 즐겨본다.

여름 끝물에
찾아온 불청객

창밖이 어둑한 걸 보니 아마도 밤인 것 같다. 차가운 방바닥에 쓰러져 배를 움켜쥐고 있는 어린 날의 내가 보인다. 도대체 난… 그 밤에 왜 혼자 울고 있었을까. 그때 내 나이가 열세 살쯤 되었으니 25년씩이나 지난 일을 세밀하게 기억해내긴 어렵다. 그저 기억의 파편 중에서도 유난히 잊히지 않는 몇 조각으로 당시의 상황을 어렴풋이 되짚어 볼 뿐이다. 그 후로 얼마나 더 신음했는지 모르겠다. 언제 어떻게 병원으로 옮겨졌는지도 기억에 없다.

다만, 오늘날까지도 분명하게 떠오르는 건 늦은 밤 응급실에 이르러서야 비로소 복통이 가셨다는 것과 언제부터였는지 알 수 없지만 내 옆에는 놀란 얼굴을 한 엄마가 서 있었다는 것이다. 그날 사경에서 날 건져 준 의사의 말이, 내가 아픈 건 '장염' 때문이라고 했다.

지난 주말에는 이웃 도시인 폴란드에서 1박 2일을 보냈다. 우리가 살고 있는 오스트라바(Ostrava)에서 차로 한 시간 정도만 가면 폴란드 남부에 있는 카토비체(Katowice)라는 도시를 만날 수 있다. 토요일 점심 무렵에 도착한 우리는 지인이 추천해 준 일식집에서 한 끼를 해결하고 번화가에 있는 유서 깊은 호텔에서 호캉스도 즐겼다. 이튿날인 일요일에는 아쿠아리움이 있는 동물원을 찾았는데 "와~ 저기 봐! 사자가 빠빠를 먹고 있네", "이야~ 펭귄들이 수영하는 거 보이지? 멋지다~" 이런 감탄사를 쏟아내며 아이와 함께 단란한 시간을 가졌다. 대체로 완벽한 주말이었다. 그런 줄로만 알았다.

여느 때와 다름없이 시작된 월요일 아침. 그제야 뭔가 잘못됐다는 걸 깨달았다. 한창 장난감 삼매경에 빠져있는 아들. 보통날처럼 애지중지하는 놀잇감들과 아침을 맞았다. 노는 데에만 정신이 팔려있는 인생 3년 차 개구쟁이를 어르고 달래 가며 밥을 먹이다 보면 시간을 도둑맞는 기분이 든다.

밥이 코로 들어가는지 입으로 들어가는지, 그런 건 대수가 아니다. 온몸을 밥풀로 칠갑을 하더라도 어떻게든 한 끼를 먹여냈다는 게 중요하다. 혼이 쏙 빠지는 식사 시간도 끝났겠다 이제 좀 한숨 돌려볼까 싶었는데… 무슨 일인지 아이가 전에 없던 행동을 보인다. 가지고 놀던 장난감들을 다 내팽개치고 달려와서는 내 품에 쓰러지듯 와락~ 안기는 게 아닌가.

낯빛이 예사롭지 않다. 하얗게 질린 얼굴로 배를 크게 부풀리며 숨을 몇 번이나 거칠게 몰아쉬더니 이내 구토 증세를 보인다. 그 순간, 머릿속이 하얘졌다. '내가 뭘 잘못 먹였나?', '밤새 징조가 있었는데 놓친 건 아닐까?' 이런 생각들이 뇌리를 스치는 동안에도 아이는 내내 괴로워했다. 연거푸 세 번의 토를 하며 전날 먹은 음식까지 싹 다 게워냈고 구토 증세가 가라앉을 즈음에는 거짓말처럼 설사가 시작됐다.

단단히 탈이 난 게 분명하다. 잦은 일은 아니지만 지금보다 더 어렸을 때에도 자다가 깨서 분수토를 한 적이 있고, 드문드문 설사를 보인 적도 있다. 하지만 이번에는 상황이 많이 달랐다. 몸에 있는 모든 독소를 빼내려는 듯 구토도 설사도 쉬이 잦아들지 않았다. 다급한 손으로 집에 있는 약상자를 열었다. 한국에서 가져온 아기 정장제가 눈에 들어왔다. 따뜻한 보리차에 한 포 타서 먹였더니, 지친 기색으로 스르륵 눈을 감는 아이. 잠시 흐느끼다가 이내 잠이 들었고, 그렇게 자고 일어나면 모든 게 다 괜찮아질 거라 기대했다.

"에엥~~ 엄마~아~~ 으아아아앙~~~~"

아이가 잠이 든 지 두 시간 정도 지났을까. 심상치 않은 울음소리가 적막을 깨뜨렸다. 역시 불길한 예감은 피해 가는 법이 없다. 잠에서 깨어나기가 무섭게 또다시 시작된 구토와 설사. 이대로는 도저히 안되겠다 싶어서 전화기를 들었다. 더 늦기 전에 회사에 있는 남편에게도 이 사태를 알려야 했다.

나 : 있잖아… 애가 좀 아파

남편 : 애가 아프다니? 어디가? 언제부터?

나 : 아침부터 안 좋았는데
구토하고 설사하고… 아무래도 장염 같아

남편 : 그걸 왜 이제 말해?
알았어, 지금 바로 출발할게

남편은 이런 일이 있을까 봐, 늘 노심초사했었다. 돌봐줄 사람 하나 없는 이역만리에서 가족 중에 누구 한 사람 아프기라도 하면 그것만큼 힘든 일이 없다고 입버릇처럼 당부하곤 했다. 그런데 그게 어디 뜻대로 되는 일인가. 우려는 현실로 다가왔고 어떻게든 우리의 힘으로 이 아이를 보살펴야만 한다. 지금은 온통 그 생각뿐이다.

어쩌면 이런 심정이었을까. 그 옛날, 어린 딸이었던 내가 방바닥을 구르며 아파했을 때, 그때 내 부모의 마음도 지금의 나와 같았을까. 아이를 낳기 전에는 모든 상황을 내 위주로만 받아들였다. 언제 내가 아팠고 언제 내가 상처를 받았는지. 어려서는 내 감정에 취해 있느라 미처 몰랐는데 부모가 되고 보니 저절로 깨달아지는 것들이 있다.

'내가 아플 때, 나만 아픈 게 아니었구나'

아기와 비스킷

Hellow. I'm Kim.

여보세요. 나야, 미스터 김

Can you hear me?

내 말 들려?

I want to ask you something…

뭐 좀 물어볼 게 있는데…

부리나케 퇴근한 남편이 어디론가 전화를 건다. 같은 부서에서 일하는 현지인 직장 동료 H다. 아이가 아픈데 어떻게 하면 좋겠냐고 조언을 구한다. 두 아이의 엄마인 그녀는 남편이 던진 질문 한 마디에 열 마디, 스무 마디로 응답해

주었다. 그녀의 처방은 대략 이러하다. "일단 약국에 가서 상담을 받아 봐. 아마 어린이용 OOO약을 줄 거야. 그리고 너희 집 근처에 있는 OOO병원에 가면 소아응급실이 있어"

통화를 끝낸 남편은 조바심이 나는 눈치다. 서둘러서 약국이든 병원이든 가 봐야 하는데 정작 움직여야 할 두 사람은 요지부동이다. 나도 아이도 종일 진땀을 빼서인지, 남편이 왔다는 안도감 때문인지 초저녁부터 맥이 풀려 버렸다.

남편 : 아이가 장염에 걸린 것 같은데
무슨 약이 좋을까요?
구토와 설사가 심하거든요

약사 : 지금 몇 살이죠?

남편 : 두 살이에요, 정확히는 27개월이고요

약사 : 그럼 이 약을 드릴 테니
으깬 바나나에 넣어서 먹이세요

내 시선은 아이가 누워 있는 유모차에 가 있었지만 온 신경은 두 사람을 향해 곤두섰다. 가뜩이나 밥태기(밥+권태기)가 와서 스트레스가 이만저만이 아닌데 "밀가루 음식 안

돼요. 요거트 같은 것도 안 되고요. 아! 우유도 절대로 먹이시면 안 됩니다" 어떻게 알고, 늘 주던 것들만 콕콕 집어서 안 된다고 하는지 답답한 노릇이다.

밀가루 음식이야 소화가 잘 안 되니까 당연한 얘기라 해도 요거트나 우유도 안 된다고요? 밥보다 우유를 더 좋아하는 아이인데 다 나을 때까지 한 방울도 주면 안 된다고요? 휴… 그럼 되는 건 대체 뭐냐고 물었다. "바나나가 설사를 멈추게 하는 데에 도움이 되니까 으깨서 먹이면 좋고요. 사과랑 당근은 괜찮겠네요. 아! 비스킷도 있고요"

장염과 비스킷. 전혀 어울리지 않는 두 단어가 한 문장 안에 나란히 놓였다. 썩 내키지 않았지만 그런 걸 따질 때인가. 우유도 생으로 끊어야 할 판에 하나라도 더 먹일 수 있는 음식이 있다는 것에 감사해야지. 아무렴, 그게 맞지. 마침 우리가 갔던 약국이 마트 건물 안에 있어서 약사가 일러준 대로 장을 봤다. 바나나부터 사과와 당근, 그리고 비스킷까지 아이가 먹을 수 있는 것들로 장바구니를 채웠다.

지하 주차장으로 돌아오는 내내 침묵이 이어졌다. 차에 올라 시계를 보니 어느덧 오후 7시. 내 마음 같아서는 병원 응급실은 생략하고 싶다. 아이가 걱정되지 않아서가 아니다. 이미 몇 번의 경험으로 체득한 게 있어서다. 중병이 아닌 이상, 가 봤자 별다른 치료랄 게 없다는걸. 아마 이번에도 다르지 않을 거라는 걸. 남편도 나도 알고 있다.

설부른 판단일 수도 있지만, 내가 느끼기에 체코는 병원 의료의 문턱이 높은 나라다. 반면에, 의약품 산업은 수준급으로 발달했다. 아기 연고를 비롯한 몇몇 생활 약품은 드러그 스토어(Drug Store)는 물론이고, 일반 마트에서도 손쉽게 구할 수 있다. 그래서인지 여기 사람들은 병원에 대한 의존도가 낮은 편이다.

다시 본론으로 돌아와서, 아무튼 난 이런저런 연유로 병원에 가기를 꺼렸다. 그럴 시간이면 얼른 집에 가서 약부터 먹였으면 했지만, 운전대를 잡은 건 내가 아니다. 말없이 시동을 켠 남편은 이미 병원 응급실로 내달리고 있었다.

"놀… 놀? 으으응~ 이쪽? 놀??"

아이의 몸 상태가 돌아오고 있는 걸까. 한창 아팠던 낮에 비하면 목소리가 밝다. 동물 그림으로 꾸며놓은 소아응급실 인테리어를 보고 놀이터를 떠올린 모양이다. 아무것도 모른 채 천진하게 웃고 있는 아이를 보니 꾹 눌러 참아왔던 눈물이 왈칵 솟는다. 안 되지, 이럴 때가 아니지. 겨우 감정을 추스르고 있는 찰나에 굳게 닫혔던 진료실 문이 활짝 열렸다. 곧이어 의사의 입도 열렸다. 약사가 했던 말과 비슷한 말들을 한 번 더 되풀이했다. 괜찮다. 예상했던 결과니까.

무미건조한 우리의 표정을 바꾼 건 뜻밖의 물건이었다. 이틀 뒤에 경과를 봐야 한다면서 젓가락 반만 한 길이의 빈 소변통을 건네주는 게 아닌가. 그럼 그날, 아이의 소변을 받아서 다시 오면 되냐고 물었더니 "아니죠. 여기로 오시면 안 되고요. 아이 이름으로 등록한 주치의한테 가서 보여주세요. 여기. 이 소견서와 함께요"라는 답변이 돌아왔다. 진료는 여기에서 봤는데, 결과는 다른 곳에 가서 들으라니. 나원참. 그러겠다고 끄덕이긴 했지만 이방인인 나로서는 참으로 납득하기 어려운 처사다.

결국 병원에서 받아온 건 빈 소변통이 전부다. 그 후로 아이는 며칠을 꼼짝없이 더 아파야 했고 그 모습을 지켜보는 내 마음도 못지않게 고통스러웠다. 세상에 아프지 않고 크는 아이는 없겠지만 아이가 아플 때 흰죽과 비스킷을 먹이는 것밖에는 할 수 있는 게 없다니. 그렇지. 이런 게 바로 해외 살이구나. 이제야 현실이 바로 보인다.

유모차 끌고 골프장 가요

취향(趣向). 무언가를 하고자 하는 마음이 생기는 방향. 이런 건 나이가 들수록 어느 한쪽으로 선명하게 굳어진다. 예컨대, 스무 살의 나는 수시로 길을 잃었다. '어떤 옷이 나한테 어울리지?', '내 얼굴형에 긴 헤어스타일이 맞는 건가?'

화장부터 옷, 헤어와 액세서리까지 온통 수수께끼였다. 그리고 이런 류의 고민은 생각보다 꽤 오래 지속됐다. 사회생활을 하고부터는 술에 대한 취향, 여가에 대한 취향, 사람에 대한 취향으로 이어졌다. 자주 가는 단골집을 만들었고, 좋아하는 장르의 노래만 찾아 듣고, 대인관계에 있어서도 편식을 했다. 점점 익숙한 것들이 편하다고 느낄 때쯤, 결혼이라는 인륜지대사를 맞이했다. 만약 내 인생을 안내하는 전용 내비게이션이 있다면 어떨까. 지금쯤 요란한 경보음과 함께 이런 안내 음성이 흐를지도 모른다.

"삐삐삐삐~ 경로를 이탈하셨습니다"

그렇다. 이건 확실한 경로 이탈이다. 그렇게도 고집스럽게 고수해 온 나의 길, 나의 색깔이 결혼이라는 소용돌이를 만나 몰라보게 무색해졌다. 내가 이런 생각을 갖게 된 결정적인 사건은 골프장에서 벌어졌다.

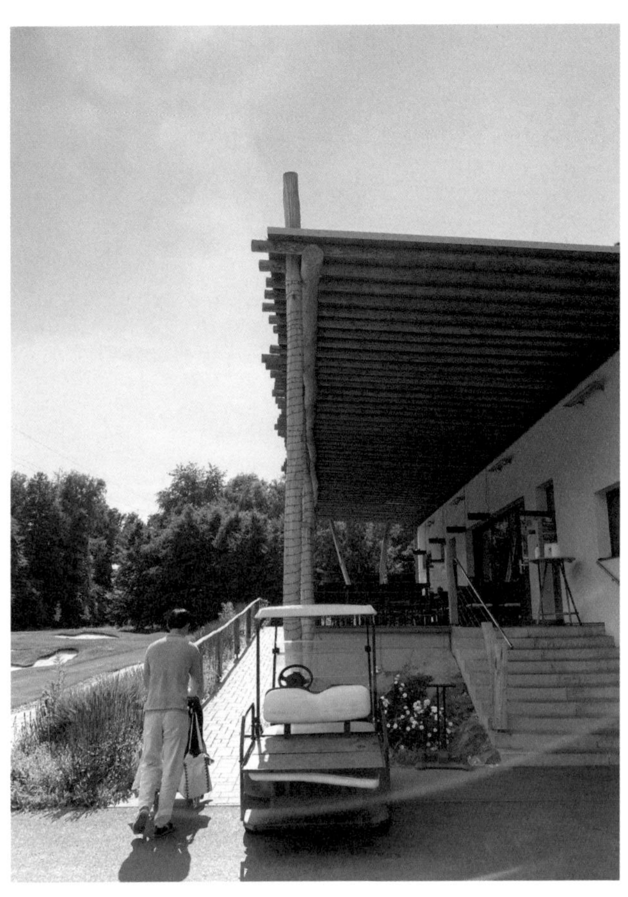

아이가 탄 유모차를 밀고 있는 남편

남편 : 어때? 와 보니까 괜찮지?

나 : 그러게. 생각했던 거랑 많이 다른데?
그냥 호숫가에 있는 공원 같아

남편 : 그래서 여길 꼭 보여주고 싶었어

나 : 그런데 진짜 칠 수 있을까?
애 때문에 신경이 쓰여서 안 될 것 같은데…

얼마 전, 유모차를 끌고 골프장이라는 곳에 가봤다. 정확히 말하면 야외에 있는 골프 연습장이다. 여기서 중요한 건 다른 운동도 아닌 '골프'를 다른 사람도 아닌 '내가' 받아들였다는 점이다. 결혼 초부터 이 문제로 옥신각신했던 우리 부부. 남편은 회사 생활의 필수 요소라며 설득했지만 그런 회사에 다녀본 적이 없는 나는 불만이 쌓여갔다. "우리 분수에 가당키나 해?", "그렇게 할 거 다 하고 살면 대출은 언제 갚아?" 이런 말로 남편을 몰아세웠다.

그러던 어느 날, 체코 발령이 확정되었고 그로 인해 우리의 골프 생활도 급물살을 타게 됐다. 남편의 주장은 대략 다음과 같다. 아끼는 것도 좋고 아이도 중요하지만, 무엇보다 우선 시 해야 할 것은 우리 둘의 행복이라는 다소 이상적인 주장을 펼쳤다. 부부가 평생 함께할 수 있는 취미 하나쯤은 있어야 한다나? 틀린 말은 아니다. 그런데 왜? 다른 운동도 많은데 왜 꼭 골프여야 할까?

고백하건대, 나는 이 운동에 대한 거부감이 있었다. 지금도 완전히 없다고는 볼 수 없다. 남편에게는 경제적인 이유를 들먹였지만 솔직한 마음은 '사치'와 '불륜'의 매개라는 선입견 때문이다. 검소한 부모님 밑에서 소박하게 자란 내 정서로는 거부감이 드는 게 사실이니까. 더군다나 우리에겐 세 살 밖에 안 된 어린 아들이 있지 않은가. 한국에서처럼 친정 찬스, 시댁 찬스를 쓸 수 있는 것도 아니고 24시간 껌딱지처럼 붙여놓고 보살펴야 하는데 한가롭게 공을 치러 다닌다는 게 현실적으로 당최 말이 되냐고.

아무리 생각해 봐도, 골프를 멀리해야 할 이유가 훨씬 더 많다. 그럼에도 우리는 결국 무리수를 두었다. 이번만은 내 고집을 접고 남편을 따라보기로 했다. 아이가 울고 보채서 허탕을 치고 오더라도 일단 가보기로 한 것이다.

역시나 시작부터 난관이다. 입구에 차를 세우고 일단 트렁크에서 유모차부터 꺼낸다. 내가 유모차에 아이를 앉히고 기저귀 가방을 챙기는 동안, 남편은 양쪽 어깨에 골프가방을 짊어진다.

참 가관이다. 어디를 둘러봐도 유모차를 대동한 일행은

우리뿐이다. 아무리 외국이라지만 민망하기 짝이 없다. 그러나 남들의 시선까지 신경 쓸 여력이 없다. 아이의 기분이 나빠지기 전에 재빨리 행동을 개시해야 한다. 자판기에서 공을 한 바구니 뽑아 들고 잰걸음으로 잔디밭 위에 섰다. 눈앞에는 푸른 하늘과 드넓은 초원이 한 폭의 그림처럼 펼쳐져 있고, 등 뒤에선 아기띠로 하나가 된 아빠와 아들이 관객처럼 날 지켜보고 있다.

대체 이게 무슨 난리람. 골프채를 든 내 모습도 상당히 낯설지만 아기를 데리고 여기까지 오다니. 이건 가치관의 '혼란' 정도를 넘어 '붕괴' 수준이다. 그래도 어쩌겠는가. 이미 상황은 벌어졌다. 숨을 크게 들이켜고 정신을 가다듬는다. 그런 다음, 다리를 어깨너비로 벌리고 서서, 두 손으로 채를 곱게 움켜쥐고는 발밑에 놓인 공을 탕~ 때렸다.

당연히…! 제대로 날아갔을 리가 없다. 모든 초보자가 그렇듯 힘이 너무 들어간 게 문제다. 다시 한번 호흡을 고르고 차분히 공에 집중한다. 그러자, 잊고 있던 감정이 되살아났다. 그래, 맞아. 이런 느낌이었지. 나를 위해 무언가를 하고 있다는 설레는 기분. 이런 충족감. 정말 오랜만에 가져봤다. 한국에서는 워킹맘으로 사느라 몰랐고 체코에 들어와서는 살림과 육아에 치여서 잊었다. 주어진 의무를 온몸으로 떠안다 보니 정작 내가 보이질 않았다. 나도 감정이 있는 사람이고 나를 위한 시간이 필요하다는 걸, 나조차 외면해버렸다.

하지만 '행복'은 셀프다. 불행한 엄마 밑에서 자란 아이가 행복할 확률은 얼마나 될까? 엄마의 감정은 여과 없이 아이에게 전달된다. 그러므로 나는 수단과 방법을 가리지 말고 어떻게든 행복해야 한다. 비록, 유모차를 끌고 골프장에 나타나는 불상사(?)를 범할지라도.

이런 마음을 먹은 지도 벌써 서너 달이 지났다. 며칠 전에는 밤에 자다가 깜짝 놀라서 눈을 떴는데… "깔깔깔~ 꺄르르르~"하면서 아이가 잠결에도 소리 내 웃고 있었다. 더할 나위 없이 해맑은 웃음이었다.

그날 이후로는 밥을 지을 때에도 빨래를 할 때에도 그 밤 그 장면이 불쑥불쑥 떠올라 피식거리게 된다. 무슨 말이 더 필요할까. 아이가 꿈에서도 웃고 있다는 건 깨어있는 동안 그만큼 즐거웠다는 얘기니까. 이걸로 됐다. 이만하면 된 거다.

르호트카 지역에 있는 골프 연습장 옆 호숫가

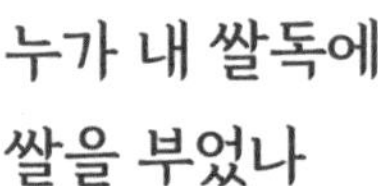

누가 내 쌀독에 쌀을 부었나

"벌써 시간이 이렇게 됐네? 배고프지?
잠깐만 기다려. 엄마가 얼른 밥 해줄게"

부엌 창문이 불그스름하게 물든 걸 보니 저녁노을이 우리집을 타넘고 있나 보다. 그 바람에 마음이 분주해진 엄마는 다급한 손놀림으로 주방 선반에 있는 쌀독을 열어젖힌다. 여느 때 같으면 "샤샤샥~샥샥~" 쌀알들이 부딪히는 소리가 들려올 텐데 그날은 무슨 일인지 공허한 바람 소리만이 그 속을 가득 메우고 있었다.

"엄마! 왜 그래?"
"응? 아냐. 우리 오늘 저녁엔 그냥 라면 먹을까?"

그날 우리가 무슨 라면을 먹었는지, 면발은 꼬들했는지 아니면 퉁퉁 불어서 국물 몇 모금으로 배를 채웠는지, 그런 기억은 손톱만큼도 남아있지 않다. 그도 그럴 것이, 그 당시 나의 온 신경은 텅 빈 쌀독에 가 있었기 때문이리라.

미루어 짐작하건대, 열 살 남짓한 작은 소녀였던 나는 라면 그릇을 눈앞에 두고도 먹는 둥 마는 둥 고사를 지냈을 게 분명하다. 어설픈 젓가락질로 면발을 휘휘~ 감아 돌리는 시늉만 할 뿐 머리로는 온통 '어쩌나. 쌀독에 쌀이 똑 떨어졌나 보네. 그래서 엄마 얼굴에 먹구름이 잔뜩 끼었나'하고 딴 생각에 빠져있지 않았을까.

아마도 그때부터였나 보다. 그날의 텅 빈 쌀독이, 텅 빈 엄마의 눈이… 오늘날 내가 '마트 여행자'가 되도록 불씨를 지폈다.

어느 중유럽
마트 여행자의 고백

가난에 치를 떨었던 내 유년기는 영원토록 끝나지 않을 것처럼 잔혹했다. 80년대생인 내가 땟거리를 걱정했다고 하면 어떤 이는 콧방귀를 뀔지도 모른다. 하지만 애석하게도

오스트라바 현지 마트의 채소 코너

내 어린 날은 그토록 헛헛했다. 늘 굶주렸던 아이가 어느샌가 숙녀가 되어 객지에서 밥벌이를 하게 됐을 때, 첫 월급을 들고 가장 먼저 달려간 곳이… 다른 곳도 아닌 '마트'였다. 어떻게 백화점도 아니고, 분위기 좋은 음식점도 아니고, 왁자지껄한 마트일 수가 있지? 내가 생각해도 코웃음이 나온다.

첫 월급의 기억치고는 참으로 별 볼 일 없지만 그래도 별수 없다. 향이 좋은 화장품이나 그럴싸한 파스타보다 휴지나 샴푸가 훨씬 더 소중했다. 예나 지금이나 집에 생필품이 꽉꽉 들어차야 마음이 풍요롭달까. 이게 바로, 내가 이 머나먼 유럽까지 와서 자발적 마트 여행자가 된 이유다.

주부로 살기 전에도 장 보는 걸 일삼았는데 이젠 공식적인 명분까지 얻었으니 오죽할까. 평일에는 집 앞에 있는 현지 마트를 누비고 주말에는 창고형 대형마트로 간다. 그래도 무언가 부족하다 싶으면 한인 마트를 찾아 익숙한 맛으로 모국을 향한 그리움을 달랜다. 지금은 독박 육아 중이니 예쁜 옷도 입을 수 없고 색조 화장도 할 일이 없지만 그에 반해, 냉장고만큼은 어느 때보다 화려해졌다. 장에 다녀와서 이것저것 채워 넣다 보면 "와~ 이걸 언제 다 먹지?" 싶을 때도 있지만 사실 그런 걱정일랑 할 필요가 없다. 식구는 단출해도 먹성 좋은 돼지띠 아들이 한몫 단단히 하고 있기에 뭐든 사서 재 놓기 바쁘다. 삼시 세끼에 상시로 간식까지 챙겨 먹이다 보면 금세 하루가 저물어 있다. 그 덕에 다른 능력은 퇴색해도 요리 실력만큼은 수직상승 중이다. 종일 솥뚜껑 운전을 하다 보니 나도 모르게 자신감이 붙었는지 얼마 전부터는 김치에도 손을 뻗었다.

처음에는 겉절이나 물김치로 대충 버텨보려 했으나 그 정도로는 어림도 없었다. 결국 작심하고 포기김치를 담기 시작했는데 힘은 들어도 하길 잘했다는 생각이 든다. 한국에 있었다면 시도조차 하지 않았을 텐데, 해외라는 척박한 환경이 솜씨 없던 나를 제법 태가 나는 주부로 만들었다. 그러니, 세상살이가 다 좋을 것도 다 나쁠 것도 없다. 상황이 궁할수록 사람은 더욱 단단해지는 법이니까.

김치가 숙성되듯 나의 삶도 맛있게 무르익는 중이다

생각을 고쳐먹으면 고된 집안일도 영 무의미하지만은 않다. 단골 마트에 알배기 배추가 나오면 통통하게 속이 꽉 찬 것들로 데려다가 한 번에 두어 포기씩 담가 먹는다. 반나

처음 도전해 본 물김치

할 때마다 맛이 다른 포기김치

절 동안 절인 배추에 감칠맛 나는 양념을 버무려 냉장고 한 편에 모셔두면 당장 먹지 않아도 뱃속이 든든해진다.

그 기분에 취해 오늘도 마트 여행을 나선다. 장을 보고, 재료를 다듬고, 요리를 하고… 그러다가 문득 그날의 텅 빈 쌀독이 생각났다. 그 시절, 우리집 쌀장고는 텅텅 비어있는 날이 부지기수였는데 누가 이렇게 요술을 부렸을까. 누가 내 가난한 쌀독에 쌀을 그득히 부어 놓았을까.

끼니 걱정이 끊이지 않았던 열 살 그해. 그로부터 30여 년을 건너온 세월의 다리가 마법이라도 부렸을까. 아니면 더 이상의 가난을 물려주지 않겠노라며 피땀 흘려 곳간을 채운 내 부모님의 공일까.

뭐가 됐든 참 감사한 일이다. 덕분에 머나먼 이국땅에서도 배곯지 않고 마음껏 먹을 수 있어서. 지난날 텅 빈 쌀독의 악몽도 이처럼 아무렇지 않게 꺼낼 수 있게 되어서. 말로 다 할 수 없이 감사하고 또 감사한 '마트 여행자'의 오늘이다.

SCENE2.

여기도 사람 사는 곳

분명한 건 좋든 싫든, 편하든 불편하든,
당분간은 계속 이 나라에서 지내야 한다는 사실이다.
그 사이에 체코는 좀 더 개방적으로 나아가고
나는 이곳의 문화를 익히고
그러다 보면 어느 순간에는 "뭐, 이 정도면 살 만하네"라고
편하게 말하는 날도 오지 않을까.

놀이터의 나라

"캬~ 맥주를 물처럼 마시는 나라로 가다니!"

체코에서 살게 됐다고 했을 때, 친구들이 가장 많이 했던 말이다. 실제로 이 나라는 술값이 물값보다 착하다. 시중에 파는 체코 맥주는 거의 공짜나 다름없다. 우리 돈으로 한 병에 1,200원 꼴이니 애주가들에게는 천국 같은 곳이다. 특히 한 잔에 3천 원도 안 하는 생맥주는 마실 때마다 혀를 내두르게 한다.

그보다 더 놀라운 것은 따로 있다. 말도 안 되게 저렴한 술값도 아니요, 감탄을 자아내는 맥주 맛도 아니다. 술의 천국인 체코가 내게 적지 않은 문화충격을 안겨준 건 술집 한 편을 떡하니 차지하고 있는 '놀.이.터'였다.

그날 내가 마주한 그 광경은 어설프게 장난감 몇 개 가져다 놓은 허술한 공간이 아니었다. 고운 모래밭에 그네와 미끄럼틀까지 갖춘 완벽한 놀이터의 형상이었다.

"어른들 술집에 애들 놀이터가 말이 돼?"

누군가는 이런 말을 할지도 모르지만, 적어도 체코에서는 말이 된다. 상식적으로 술집은 어른들의 놀이터가 맞다. 그런데 이 나라는 '공존의 가치'를 위해 '공간의 상식'을 깨뜨렸다.

놀이터의 혁명을 목격한 기념비적인 날

여느 때보다 조금 분주한 토요일 오후였다. 남편의 회사 동료들과 모임이 있는 날이라 마음이 바빴다. 모임 장소는 이곳 오스트라바에서 20분 가량 떨어져 있는 프리덱미스텍(Frýdek-Místek)의 어느 호프집. 오래 걸리지 않을 테니 같이 가자는 남편의 말에 그러겠다고 동의는 했지만 그런 곳에 애를 데려가도 되는 건지 순간 망설여졌다. 그렇다고 어디 맡길 데도 없는 형편이니 고민해 봐야 답은 정해져 있

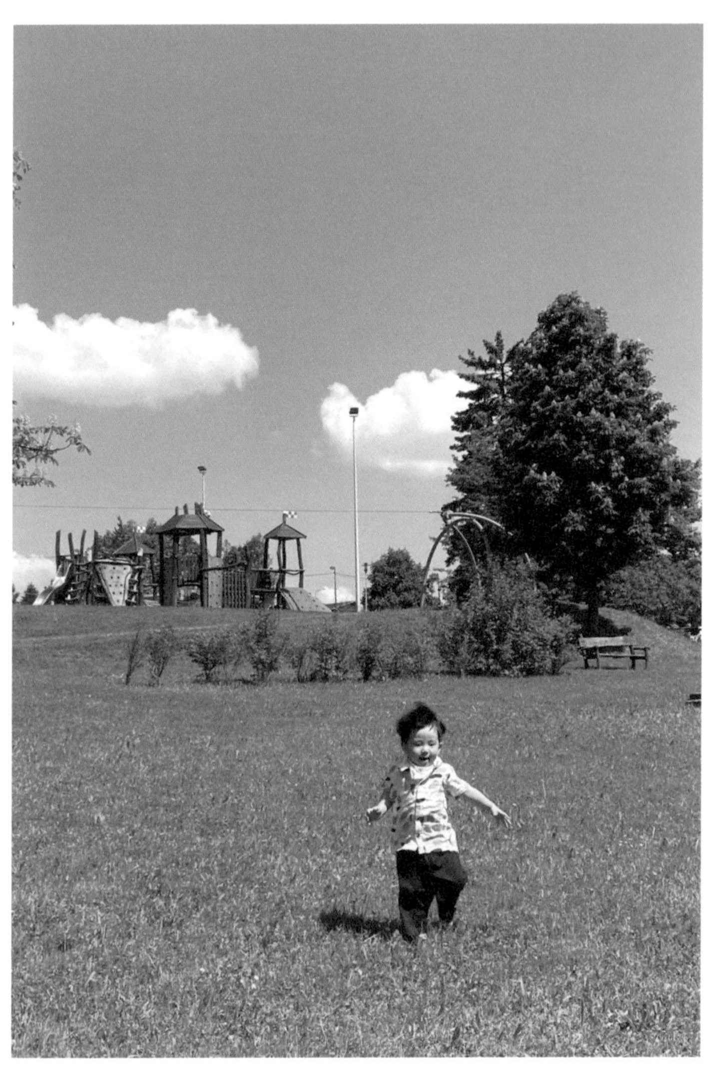

야외 놀이터가 멋진 올레슈나(OLESNA)

다. 아이와 나는 술집이 아니라 그 어디라도 꼭 붙어 다녀야 하는 운명공동체니까.

"엄마~ 엄마~아~~~"

남편의 뒤를 쫓아 허겁지겁 약속 장소로 들어서는데 아이가 갑자기 심 봤다는 표정으로 돌고래 소리를 냈다. 아니나 다를까, 세 살 아들의 시선이 멈춘 곳에는 설상가상 '놀이터'가 차려져 있었다. 실로 이런 곳에 미끄럼틀이? 그네가? 모래밭이 있다고? 맙소사. 보고도 믿을 수 없는 조화였다.

그날 우리가 찾은 그 맥주집은 실내 반, 야외 반으로 꾸며져 있었는데 테이블이 띄엄띄엄 놓여 있는 야외 공간 맨 끄트머리에 아이들의 세상이 펼쳐져 있었다. 꼬마 손님들이 안전하게 놀 수 있도록 나무로 울타리를 쳐놓고 그네와 미끄럼틀을 가져다 놓은 것이다. 게다가 미끄럼틀은 한 종류가 아니었는데, 가까이 가서 보니 유아들이 탈 수 있는 소형 미끄럼틀과 큰 애들을 위한 대형 미끄럼틀이 나란히 놓여 있었다.

같은 시각, 테이블에 앉은 어른들은 맥주를 홀짝거리며 한가로운 시간을 보낸다. 이따금씩 아이들이 잘 놀고 있는지 힐끗거리기는 하지만 웬만해서는 엉덩이를 떼는 법이 없다. 어른도 아이도 각자의 놀이터에서 만족해하는 얼굴이다. 이곳에서 마음 놓고 즐기지 못하는 건 나뿐인 듯하다. 알코올 한 모금의 힘을 빌려봐도 마찬가지다. 차가운 잔을 내려놓고 혹시나 하는 마음에 주위를 살핀다. 다행히 곤드레만드레 취해서 인사불성이 된 손님은 없는 것 같다. 분위기만 봐서는 여느 음식점과 다를 게 없다.

집에서 출발하기 전까지만 해도 술집에 어린애를 데려가는 부모는 우리뿐일 거라 짐작했는데… 웬걸! 예상은 정확히 빗나갔다. 아직 초보 엄마라 이렇다 할 교육관은 없지만, 다른 건 몰라도 술집 같은 장소에 아이를 대동하는 것만은 피하고 싶었다. 그런데 여기 부모들은 오히려 있는 그대로 가감 없이 보여준다. 좋은 것이든 나쁜 것이든 아이가 못 보게 뒤로 숨기는 대신 자연스럽게 노출하는 쪽을 택한 것이다. 부모가 감추는 게 없으니 딱히 궁금해할 것도 없다. 어쩌면 이런 게 유럽의 교육 방식인 걸까. 맞고 틀리고의 차원이 아니다. 신선한 자극을 받았고 덕분에 환기가 됐다. 생각지도 못한 곳에서 우연히 만난 놀이터 하나가 내 좁은 식견에 큰 파장을 불러오다니. 스승은 학교에만 있는 게 아니라던 누군가의 말이 불현듯 마음을 파고드는 날이었다.

따지고 보면, 체코에서 놀이터 때문에 놀란 게 이번이 처음은 아니다. 내게 강한 인상을 남긴 최초의 놀이터는 고속도로에 있었다. 그날 우리는 프라하에서 집으로 돌아오는 길이었다. 우리가 사는 오스트라바까지는 거리가 꽤 멀기 때문에 차로 네 시간은 족히 걸린다. 이마저도 휴게소 한번 들르지 않고 곧장 내달렸을 때 그렇다는 얘기다. 우리처럼 어린아이가 있는 집은 기저귀도 갈아줘야 하고, 밥도 먹여야 하고, 무엇보다 중간중간에 놀이터도 들러줘야 하므로! 못 해도 대여섯 시간은 잡아야 한다.

이게 무슨 소리인고 하니, 이 나라 고속도로에는 휴게소마다 놀이터가 있다. 편의상 '휴게소'라고 했지만 엄밀히 말하면 주유소다. 주유소에 편의점 수준의 휴게 공간과 화장실이 붙어있는데, 그 건물 뒤로 돌아나가면 어김없이 놀이터가 짠~하고 우리를 반겨준다.

시내 주유소에서는 볼 수 없는 놀이터가 고속도로에서는 가는 곳마다 마련돼 있다. 이는 필시, 법으로 정해놓은 게 틀림없다. 예컨대, 고속도로 주유소 사업장에 관한 놀이터 설치법 같은? 그렇지 않고서야 설명이 되지 않는다. 뭐, 이유야 어찌 됐든 환영할 만한 일이 아닌가. 덕분에 장거리 여행을 할 때는 차 안에서 주리를 트는 아이를 달랠 겸, 두어

시간에 한 번꼴로 내려서 도장을 찍는다. 그러느라 네 시간 거리가 다섯 시간에서 여섯 시간까지 늘어나기도 하지만 이 또한 여행의 일부라고 생각하면 그만이다. 성격 급한 내가 이런 여유를 갖게 된 것도 아이들의 행복을 중요시 여기는 '놀이터의 나라'에서 살고 있기 때문이리라.

프라하 방면, 고속도로 주유소 놀이터의 풍경

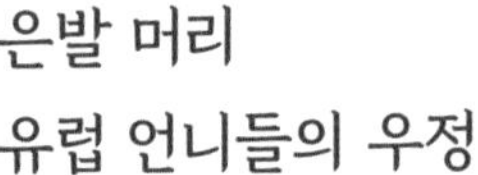

은발 머리 유럽 언니들의 우정

이곳에 온 지, 두어 달 정도 됐을 때의 일이다. 그사이 체코는 봄을 지나 여름의 문턱에 서 있었다. "지금 퇴근 중인데 오늘 저녁밥은 외식 어때?"

보통은 해 뜨기 전에 출근해서 해 떨어져야 집에 오는 남편인데 그날따라 퇴근이 빨랐다. 평일 저녁에 외식이라니. 흔치 않은 기회였다. 마음이 들뜬 우리는 일단 집을 나서기로 했다. 도보로 걸어갈 수 있는 거리에 광장이 있다. 번화가인 그곳에 가면 뭐든 먹겠지, 싶었다.

마음은 가볍게 먹었지만 몸은 가벼울 수가 없다. 아이 여벌 옷과 기저귀, 젖병에 물티슈 그리고 제일 중요한 유아용 숟가락까지 챙겨야 집을 벗어날 수 있다. 간신히 밖으로 빠져나와 정신을 차릴 즈음, 누군가 우리에게 다가와 말을 걸었다.

Excuse me~

Can you take a picture, for us?

"실례지만, 사진 좀 부탁해도 될까요?" 이 한마디를 건네기 위해 무리를 빠져나온 그녀였다. 훤칠한 키에 긴 머리카락을 휘날리며 웃고 있던 그 여인은 중년의 유럽 언니였다. 금발보다는 은발에 가까운 머리색과 웃을 때마다 곡선을 그리는 얼굴 주름이 나이를 가늠케 했다. 하늘거리는 하늘색 민소매 원피스에 굽이 있는 샌들을 신고 서 있었는데 그 곁에는 자전거가 나란히 세워져 있었다.

말을 섞을수록 호기심이 생겼다. 좀 더 대화를 나눠보니, 프라하에서 놀러 온 친구들과 자전거 투어 중이라고 했다. '아 참! 일행이 있었지' 또 다른 유럽 언니들이 멀찌감치 서서 우리의 모습을 지켜보고 있었다. 하나같이 '대체 사진은 언제 찍냐'는 표정이다.

쓰리, 투, 원~ 오케이!

남편이 셔터를 누르는 동안, 나는 아이 곁에서 지금 이 순간의 찬란함을 두 눈에 담았다. 사무치게 아름답다는 건 이런 것이리라. 고화질 카메라도 담아내지 못할, 날것 그대로의 지금을 눈으로 저장한다. 때마침 고운 노을빛이 그녀

들을 환히 비춘다. 자전거에 앉아 하얀 치아를 드러내며 한 껏 미소 짓던 중년의 체코 언니들. 그녀들을 만난 건 찰나였

지만 내 마음에 깊은 잔상을 남겼다.

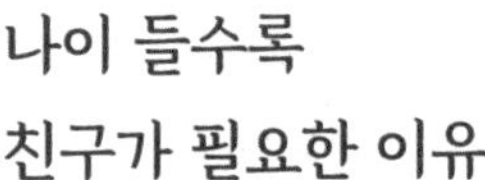

나이 들수록
친구가 필요한 이유

은발 머리 체코 언니들의 우정을 보며 생각했다. 그녀들도 집에 가면 누군가의 아내, 누군가의 엄마겠지. 그런데 집에 있는 가족들은 그날 내가 본 그 표정을 보았을까. 사춘기 소녀처럼 자전거 위에서 깔깔깔~ 그토록 순수한 웃음을 본 적이 있을까.

멜로 드라마에 주로 등장하는 대사 중에 "난 너만 있으면 돼" 이 말은 순 엉터리다. 인간의 마음길은 복잡한 미로와도 같다. 여러 갈래의 샛길들을 따라 셀 수도 없이 많은 관계의 방이 들어차 있다. 배우자가 부모의 역할을 대신할 수 있을까. 부모가 친구의 자리를 채워줄 수 있을까. 나 또한 그들의 전부가 되어줄 수는 없다.

사회에서 소외된 전업주부일수록 입체적인 인간관계

가 필요하다. 만약 '82년생 김지영'이 독박 육아의 짐을 내려 놓고 1년에 한 번이라도 친구들과 자전거 여행을 즐겼더라면? 가족이 아닌 관계에서 건강한 대화를 충분히 가졌더라면? 그래도 같은 결말을 초래했을까.

한 시대를 함께 풍미한 사람들. 같은 추억을 나눠 가진 친근한 상대. 우리는 그들을 '친구'라 부른다. 수의 문제가 아니다. 나를 알아주는 친구가 단 한 명이라도 있다면 우리는 그 힘으로 내일을 살아갈 용기를 얻는다. 어려서는 널리고 널린 게 친구였다. 학교에만 가면 우리 반 친구, 옆 반 친구, 친구의 친구까지 만날 수 있었으니까. 그렇다면 그 많던 친구들은 다 어디로 흩어졌을까. 비단 여자들만의 이야기가 아니다. 나이 들수록 '친구'라는 이름 앞에 생각이 많아지는 건 남녀를 불문한다.

몇 해 전인가 엄마가 이런 말을 전했다.

"아빠가 다음 달에 고향에서 열리는 동창회에 참석하려나 봐"

다른 사람도 아니고 아빠가? 회식이 아니라 동창회? 별 내색은 안 했지만, 속으로는 크게 놀랐다. 왜 몰랐을까. 우리

아빠에게도 친구가 있다는 사실을.

건축가인 아빠는 전국을 돌아다니며 건물을 올린다. 어떤 해에는 통영에서 아파트를 짓고, 또 어떤 해에는 경기도에서 대학 부속 건물을 만들기도 한다. 이번 공사가 끝나면 다음 공사. 다음 현장이 끝나면 그다음 현장. 그렇게 발도장을 찍은 도시만 해도 엄청나다. 전국에 흩어져 있는 아빠의 건물들을 순회하려면 몇 달을 돌아도 빠듯할 것 같다.

밖에서 사 먹는 음식에 이골이 난 아빠는 집밥 먹을 날만 손꼽아 기다리신다. 그렇게 아빠와 엄마가 주말부부. 아니지, 격주 부부가 된 지도 벌써 15년이다. 가족들 얼굴 보기도 힘든 마당에 친구들과 소주 마실 시간이 있을 리 만무하다. 다섯 명이나 되는 새끼들 입에 풀칠하려고 밤낮없이 일만 하셨다. 그런 아빠를 보며 '친구'라는 단어를 연상하긴 어려웠다. 그러던 어느 날, 난데없는 동창회 소식을 들었으니 모두 놀랄 수밖에.

아빠는 강원도 영월 사람이다. 꿈 많던 산골 소년이 어린 나이에 고향을 떠나 연고도 없는 객지에서 어른이 되고, 가장이 되고… 그렇게 부모가 되었다. 그러는 사이에, 아빠도, 아빠의 친구들도 흰머리가 성성한 환갑을 맞았다. 내일모레 마흔인 딸에게 '환갑 아빠'는 젊디 젊은 나이지만. 형편이 어려워 열네 살 때부터 일터에 나가야 했던 산골 소년의 직업 인생을 생각하면 지금 당장 은퇴해도 남들보다 곱절은 일한 셈이다.

자식 된 속내로는 이제라도 남은 인생을 유유히 즐기셨으면 싶다. 기나긴 객지 생활을 끝내고 엄마랑 손 붙잡고 여행도 다니고, 친구들과 소주잔도 기울이시면 좋으련만. 오늘도 아빠는 이름 모를 누군가의 집을 짓느라 '집'에 돌아오지 못하신다….

내가 체코 생활을 마치고 귀국할 때가 되면 아빠도 긴 여행의 종지부를 찍으실 수 있을까. 그날이 오면 아빠가 좋아하는 오삼불고기에 엄마가 애정하는 막걸리를 준비해야겠다.

체코집에서 불편한 한 가지

중세 유럽의 아름다움을 간직한 나라답게 체코에서는 100년이 넘은 집들을 흔하게 볼 수 있다. 그에 비하면 내가 살고 있는 아파트는 불과 몇 년 전에 지어진 최신 건축물에 속한다. 하지만 말이 최신이지, 이 건물 어디에도 도어록과 같은 신문물은 존재하지 않는다.

"자, 1층 대문 열쇠! 그리고 이건… 우리집 현관 열쇠야 아! 창고 열쇠도 고리에 같이 달아줄게"

나의 체코 라이프는 남편이 건넨 열쇠 꾸러미와 함께 시작됐다. 이사 다닐 때마다 바꿨던 현관 비밀번호도 고민할 필요가 없어졌다. 그 대신, 어딜 가든 열쇠부터 챙겨야 하는 번거로움이 생겼다. 내 손에 열쇠뭉치를 쥐어주면서 다른 건 몰라도 이건 절대로 놓고 나가면 안 된다고 신신당부를 하던 남편. 그의 예감이 적중한 걸까. 결국 열쇠 때문에 크고 작은 소동이 벌어졌다.

체코살이를 시작한 지 이틀째 되던 날. 그날의 낯선 공기를 잊을 수가 없다. 생면부지의 땅에서 유일하게 의지할 수 있는 나의 배우자는 동이 트기도 전에 회사로 떠났다. 어느 것 하나 익숙지 않은 공간에 아이와 나. 둘만 덩그러니 남겨졌다. 그 사실을 인지한 순간부터 덜컥 겁이 났다. 당장 어디라도 달려가서 아이에게 먹일 우유부터 공수해야 하는데 발이 떨어지질 않았다. 잠시 망설이다가 칭얼대는 아이를 안고 외출을 감행했다. 다행히 '우유 사기' 미션은 어렵지 않게 완수했는데… 진짜 문제는 집 앞에서 벌어졌다.

"여보세요~ 어제 나한테 준 열쇠 있잖아
1층 공동 현관문은 쉽게 열었는데
우리집 문이 말썽이야"

몇 번이나 뺐다 넣었다 하며 안간힘으로 돌려봤지만 헛수고였다. 손에 열쇠가 있으면 무얼 하나. 도무지 사용법을 모르겠는 내겐 무용지물이나 매한가지다. 한참을 서서 낑낑대다가 염치 불고하고 옆집에 사는 한국 분에게 도움을 요청했다.

"똑똑! 안녕하세요~
옆집이에요"

아침 댓바람부터 처음 보는 여자가 다짜고짜 열쇠를 들이밀며 울상을 지었으니 얼마나 황당했을까. 이사 온 기념으로 떡은 고사하고 신세부터 지고 말았다. 그 일만 생각하면 아직도 낯이 달아오른다.

그제야 알게 된 사실이지만 우리집 현관에는 요상한 비밀이 숨어있었다. 열쇠를 넣고 돌리는 그 타이밍에 맞춰서 다른 손으로는 문에 달린 손잡이를 힘껏 잡아당겨야, 겨우 열리는 원리랄까. 진땀은 뺐지만, 뒤에 벌어질 일에 비하면 그날의 사연은 가벼운 해프닝에 불과하다.

그로부터 몇 달 후. 집을 나서려는데 아이가 문 앞에서 생떼를 쓰며 혼을 쏙 빼놓는 게 아닌가. 그럴 때마다 머릿속은 백지가 된다. 현관문 안쪽에 열쇠를 꽂아둔 것도 까맣게 잊고 쾅~ 냅다 문을 닫아버렸다. 그 대가로 출장 나온 현지인 기술자에게 무려 1,500코루나(Kc)를 지불해야 했다. 한화로 따지면 약 7만 7천 원 상당이다. 한순간의 실수로 생돈이 날아갔다.

그날따라 울며 보채는 아이를 달래느라 내 정신이, 내 정신이 아니었다고. 아이에게 정신이 팔리다 보면 그럴 수도 있는 거라고. 온갖 핑계를 갖다 대며 스스로를 다독여봐도 순간순간 되살아나는 자책감까지 도려낼 수는 없었다. 이 모든 게 다 성가신 열쇠 때문이라고 탓을 해보지만 그런다고 달라지는 건 없다. 여기는 한국이 아니고 남의 나라에서 내 입맛대로 살기를 바라는 건 욕심일 테니까.

절에서 지내려면 절법을 따라야 하듯이 이곳에서 사는 동안에는 이 나라의 문화를 따르는 게 순리겠지. 흡사 수도승 같은 마음으로 답답하고 적적한 해외 생활을 간신히 이어가고 있다. 아직 1년도 채 되지 않은 얕은 경험으로 무언가를 판단하기에는 이른 감이 있지만. 그래도 봄부터 겨울까지 사계를 모두 겪었으니 그렇게 짧은 시간도 아니다. 그 동안 생활하면서 내가 느낀 것들. 그 속에서 한 가지 공통점을 발견했다. 그건 바로, 체코는 변화를 별로 좋아하지 않는다는 점이다.

체코는 지리적으로 유럽의 중부 내륙에 있다.

역사적으로 억압, 갈등을 겪으며 독특한 문화를 갖게 되었다.

체코는 20세기 초인 1930년대에 이미

항공기 엔진을 만들 정도로 기술 수준이 높았다.

경제 수준에 있어서도 세계적으로 잘 사는 나라에 속했다.

그러나 공산주의를 거치면서

체코의 경제는 정체되기 시작했다.

[나는 체코로 출근한다] 김태근 저서 中

책에서 말한 역사적 배경도 이유가 되겠지만, 단일 민족인 체코는 국민의 90%가 체코인이다. 그래서인지 몰라도 이방인을 비롯한 외국 문화를 불편해하는 분위기가 있다. 이러한 국민성은 사회 전반에 넓게 깔려있다. 새로운 것을 받아들이기보다는 옛것을 지키려는 의지가 더 강해 보인다.

물론, 과거에 비하면 많은 부분이 개방적으로 바뀌고 있다. 세계 굴지의 외국계 기업들을 유치해 다각도로 변화를 주고 있다. 당장 눈에 띄게 달라지지 않더라도 새로운 시도를 하고 있다는 것. 그 자체만으로 긍정적인 신호탄처럼 느껴진다.

"체코는 변화를 싫어하나 봐"

나는 왜 이런 생각을 했을까. 어쩌면 체코인들이 노력

하는 정도와 외국인인 내가 기대하는 수준이 달라서. 그로 인해 생긴 오해일지도 모르겠다. 분명한 건 좋든 싫든, 편하든 불편하든, 당분간은 계속 이 나라에서 지내야 한다는 사실이다. 그사이에 체코는 좀 더 개방적으로 나아가고 나와 우리 가족은 이 나라가 가진 문화에 점차 길들여지고. 그러다 보면 어느 순간에는 "그래 뭐, 이 정도면 살 만하네"라고 편하게 말하는 날도 오지 않을까.

설거지통
평수가 줄었다

누군가 내게 해외 생활은 어떠냐고. 외국 살림은 살 만하냐 묻는다면… 나는 이런 대답을 내놓으려 한다. "다른 건 그럭저럭 적응했는데 설거지통이 문제예요"

집의 평수는 늘었는데 설거지통은 왜! 반의반으로 줄었을까. 집이 넓어진 만큼 주방도 커졌는데 어째서 설거지통의 인심은 이리도 야박할까. 주부에게 있어 설거지통의 너비는 가방 크기를 고르는 것만큼이나 중요한 일이다. 손바닥만 한 미니백을 드느냐, 수납공간이 확보된 토트백을 드느냐의 차이랄까. 어쩌면 그보다 더 큰 안건일지도 모른다. 큰마음 먹고 고가의 가방을 산다 한들 그걸 들고 나갈 일이 1년에 몇 번이나 있을까.

설거지통은 얘기가 다르다. 이 사안은 먹고사는 문제와 직결돼 있다. 비싼 가방을 어깨에 걸치는 횟수는 손에 꼽을 정도지만 싱크대 앞에 서 있는 시간은 계산도 안 될 만큼 빈번하니까. 물론 체코인들에게 이런 주방은 전혀 문제 될 게 없다. 고기 한 덩이와 빵 한 조각, 으깬 감자 위에 소스 한 국자로 완성하는 체코 가정식. 이런 류의 식사라면 넓은 접시 하나로 충분할 테지만, 한식은 어림도 없다. 체코식 주방에서 쌀밥을 짓는다는 건… 남의 부엌을 빌려 쓰는 기분이랄까. 그것도 매일. 매 끼니마다. 좁은 설거지통에 손을 넣을 때마다 전에 살던 집이 그리워진다. 정확히 말하면 그 집에서 쓰던 부엌이 그립다.

24평 남짓한 오래된 아파트였던 최초의 우리집. 지은 지 20년이 넘었기에 리모델링을 하지 않고서는 대책이 서지 않았다. 인테리어 전문 업체 몇 군데를 찾아가 견적을 내보기도 했다. 예상대로 배보다 배꼽이 더 컸다. 돈을 아끼려면 발로 뛰는 수밖에 없었다. SNS에 올라오는 모델하우스 같은 집. 그 정도로 꾸미려면 대체 얼마를 들여야 하는 걸까. 우리 형편에 그런 인테리어는 꿈이고 사치다. 허황된 욕심을 내려놓고 아주 기본적인 것들만 손을 봤다. 그래도 주방만큼은 제대로 공을 들이고 싶었다. 싱크대 제작자를 찾아가 없는 솜씨로 그림까지 그려가며 시안을 넘겼다. 그렇게 완성된 나의 첫 싱크대. 소박한 주방이었지만 내게는 더할 나위 없었다. 나의 의견이 반영된 공간이라 그런지 볼 때마다 정이 갔다. 그리고 결정적으로, 설거지통의 크기가 지금보다 2.5배는 컸다.

푸흡. 유럽에 나와서 다른 것도 아닌 설거지통을 아쉬워하다니. 그래도 어쩌겠는가. 이게 이 나라의 문화인 것을. 여기 사람들은 설거지통보다 식기세척기에 중점을 둔다. TV나 냉장고에 버금가는 체코인의 필수 가전이다. 현지 가전 매장에 가보면 체코인들의 생활 방식이 보인다. 설거지통에 대한 인심은 야박해도, 집집마다 식기세척기가 없는 집이 없다. 아마도 이 나라 사람들은 '수제 설거지'의 묘미를 모르는 게 아닐까. 제아무리 성능 좋은 기계라 해도 사람 손아귀의 힘을 따라올 수는 없다. 고무장갑을 끼고 수세미로 거품을 내서 뽀드득 소리가 날 때까지 씻어야 개운한데 말이다. 안타깝게도 식기세척기를 생활화하는 체코인들은 설거지의 참맛을 알 턱이 없다.

그나저나 체코인들은 집에서 요리를 해 먹기는 하는 걸까. 당최 얼마나 간단하게 먹어야 설거지통 쯤은 대수롭지 않게 여길 수 있는 건지 궁금한 게 한둘이 아니다. 그래도 재미있는 건 식기세척기 맞춤으로 나온 튜브형 세제가 앙증맞다. 우리집 꼬마도 같은 생각인지 뽀통령을 보다가도 세제 넣는 타이밍을 귀신같이 알아채고 덤벼든다.

"잠깐만! 최단 시간이 90분?"

식기세척기에게 맡기는 설거지. 여기까지는 좋은데, 문제는 시간이 너~어무 오래 걸린다는 것. 고작 그릇 몇 개 씻는데 이렇게 에너지를 낭비할 일인가. 이런 불만을 품고도 이 느림보 기계를 쓸 수밖에 없는 건 역시나 좁은 설거지통 때문이다. 냄비 하나 넣으면 꽉 차는데 한 끼 식사 후에 쏟아

져 나오는 그릇 양은 감당이 불감당이다. 방법은 하나다. 부엌을 바꿀 수 없다면 내가 바뀌는 수밖에.

울며 겨자 먹기로 시작한 '식세기' 생활은 생각보다 나쁘지 않았다. 고온에서 세척하니 나름의 살균 효과도 있고, 그 시간에 다른 집안일을 하면 되니까. 좋은 게 좋은 거라고 마음을 고쳐먹는다. 그렇지만 기계를 쓴다고 해서 설거지와 완전히 담을 쌓을 수는 없다. 이제 막 말문이 트인 29개월 아기는 아기새가 먹이를 찾듯 틈만 나면 주방을 기웃거린다. 그 요구사항을 다 들어주려면 손에 물이 마를 새가 없다.

이제는 나의 일터가 된 체코식 주방. 겉보기에는 무척 세련됐다. 싱크대의 상판은 다크 그레이 톤으로 모던함을 추구했다. 그 틈에서 가장 튀는 주인공은 친정엄마가 짜 준 꽃무늬 수세미다. 형형색색 어찌나 화려한지 모른다. 외국에 나가는 딸 편에 들려 보내려고 몇 날 며칠 코바늘을 쥐었더랬다. 얼마나 많이 떴는지 이삿짐을 풀어보니 알록달록한 실뭉치가 여기저기서 수북이 쏟아져 나왔다. 적당한 상자를 찾아다가 차곡차곡 포개 담았다. 여기서는 돈 주고도 살 수 없는 귀한 물건이다. 세상에 하나뿐인 엄마의 수세미. 주방 벽에 걸어둔 수세미를 볼 때마다 외국에 있지만 한국에 있는 듯한 기분이 든다.

내륙국에도 생선가게가 있을까

"우리 아가야는 생선이 없으면 밥을 안 먹는데 큰일이다. 김서방한테 물어봤어? 그 나라에도 고등어 파는지?"

밥맛보다 생선 맛이 먼저 들었는지 바닷고기가 없으면 밥을 안 먹는 아이였다. 이유식을 떼고부터는 하얀 쌀밥에 흰 생선 살을 올려줘야 입을 벌렸다. 어종을 불문하고 생선 반찬 하나만 있으면 입 댈 것도 없이 밥그릇을 싹싹 비우곤 했다. 이토록 유별나게 생선을 좋아하는 아이라니. 이를 어찌하면 좋을꼬. 삼면이 바다인 한국에서 계속 산다면야 무슨 걱정일까. 문제는 체코다. 우리가 살아갈 유럽 땅은 바다가 없는 완벽한 내륙국이다. 이 사실을 직시하고부터 내 발등에는 불이 떨어졌다.

맛집 검색, 온라인 쇼핑, 커뮤니티 카페 가입을 비롯한 일련의 온라인 활동들이 나에겐 참 버겁다. 대부분의 사람들은 이런 걸 취미로 하지만 방송작가였던 나는 일 때문에 어쩔 수 없이 하는 경우가 다반사였다. 땟거리를 찾듯 방송 소재를 찾아 인터넷 바다를 헤엄치며 살았다. "이야~ 그런 게 일이라고? 재밌기만 하겠는데 뭘"이라고 말하는 사람들도 있겠지만 좋아하는 것이 일이 되는 순간, 초심은 사라지고 고통이 싹튼다.

이렇게 적어놓고 보니 싫고 좋음을 떠나 일종의 직업적 후유증 같기도 하다. 아무튼 그 정도로 인터넷 활동을 꺼리는 나지만 자식을 위해서라면 무슨 짓인들 못할까. 출국을 앞두고 있던 어느 날. 고심 끝에 맘카페 커뮤니티에 글을 하나 올렸다.

"안녕하세요. 곧 체코로 들어가는 아기 엄마예요. 해외 이사를 준비하다 보니 걱정스러운 게 많네요. 저희 애가 생선을 좋아하는데 그곳에도 생선을 파는 곳이 있나요? 오스트라바 맘 님들 답변 부탁드려요"

대략 이런 내용을 담아 글을 게시했다. 하루 이틀 기다렸지만 반응은 미온적이었다. '역시 생선은 구하기 힘든가 보네' 하고 상심해 있던 차에, 반가운 댓글이 하나 달렸다.

"저희 애도 생선 먹이고 있어요. 한국 같지는 않아도 잘 찾아보면 먹일만한 게 있으니 걱정 안 하셔도 돼요"

다행도 이런 다행히 없다. 바다가 없는 체코에도 생선이 있다니 그제야 한시름 놓였다. 그나저나 그 고기들은 어디에서 잡아 오는 거지? 폴란드? 스페인? 이탈리아?? 궁금한 게 많지만 이쯤 해두자. 어느 나라 산이든 무슨 대수람. 나가서 살다 보면 자연히 알게 되겠지.

그로부터 몇 달 후. 물음표 투성이었던 미지의 나라를 육안으로 보게 됐다. 말로만 듣던 체코 생선도 내 눈으로 직접 확인했다. 이게 뭐라고. 생선 비린내가 이리도 반가울 일인가. 소문대로 정말 생선이 있긴 있다. 그럼 어디에 있을까. 일단, 이 나라에는 어시장이 없다. 건어물 가게 비슷한 것도 보이지 않는다. 이름난 음식점에 가도 생선요리는 구경하기 힘들다. 반년 동안 찾아다닌 바로는 그렇다. 길거리에서 흔히 볼 수 있는 음식은 화덕에 구운 조각 피자나 '굴뚝 빵'이라 불리는 '뜨르들로(trdlo)' 정도다.

체코의 국민빵 '뜨르들로(trdlo)'

단내 나는 빵류 말고 짠내 풀풀 풍기는 바다 내음을 맡고 싶다면 마트로 가면 된다. 마트도 아무 마트에나 간다고 있는 게 아니다. 규모가 작은 슈퍼형 마트에는 수산물 코너가 없다. 간혹 팩에 든 연어나 도미가 보이긴 하는데 정말 소량으로 들어온다. 유심히 찾아보면 고등어도 있기는 있다. 하지만 생물도 냉동도 아닌 훈제다. 고등어 통마리를 훈제로 구워 진공 포장을 해서 판매한다.

이 정도로 성에 차지 않을 때는 창고형 대형마트로 간다. 이곳에 가면 종류가 썩 많지는 않아도 나름의 제철 어종을 만날 수 있다. 고등어나 가자미 같은 고기도 있고 갑오징어나 새우류 같은 해산물도 있다.

맨 처음 이곳을 발견했을 때가 생각난다. 반가운 마음에 이것저것 신나게 골라 담았다. 냉동실에 쟁여 놓을 요량으로 넉넉히 주문했다. 그러면서 속으로 내심 기대했다. '생선 내장 정도는 당연히 손질해서 주겠지?' 했는데… 돌아온 건 실망뿐이었다. 내가 너무 높은 서비스를 바란 건가? 대관절 왜 안 해주는지는 알 길이 없지만, 여하튼 손질은 셀프다. 마트 직원이 해주는 건 코팅된 종이봉투에 내가 고른 생선을 담아주는 것. 생선 비린내가 새어나가지 않게 진공포장기로 종이봉투의 입구를 찌익~ 한번 눌러서 밀봉해주는 것.

창고형 대형마트에 있는 수산물 코너

딱 여기까지다.

그래도 이게 어딘가. 대형마트 안에 생선 코너가 있는 줄도 모르고 이사 온 초기에는 아이에게 캔에 든 통조림 고등어만 먹였다. 물론 뭐가 뭔지 모르는 아이는 가리지 않고 잘 먹어 주었지만, 엄마인 나는 애가 쓰였다. 이런 게 부모의 마음이겠지.

4대째 내려오는 바닷가 입맛

곰곰이 생각해 보면 우리집 밥상에는 늘 생선이 올라와 있었다. 고기의 가짓수도 참 다양했다. 등 푸른 고등어부터 살이 두툼한 삼치, 작아도 알이 꽉 찬 도루묵에 어떻게 먹어도 맛있는 가자미는 기본이요. '싱퉁이'라는 이름이 더 정감 가는 도치도 자주 등장했다. 전적으로 엄마의 영향이다. 주방의 전권을 쥐고 있던 엄마의 '바닷가 입맛' 덕분에 식구들은 귀한 생선 요리를 흔하게 즐겼다. 그것도 대부분 공짜로 말이다. 여기서 그 사연을 말하려면 한 대를 더 거슬러 올라가야 한다.

강원도 삼척에 가면 '엄마의 엄마'인 바닷가의 여인이 살고 있다. 요즘은 일을 많이 줄이셨지만 불과 몇 년 전까지만 해도 활발한 경제 활동을 하셨다. 바닷가 아낙네들이 생활력이 강하다는 말은 괜한 말이 아니다. 할머니는 새벽 동이 트기도 전에 항구로 나가 고깃배를 기다리곤 하셨다. 간

밤에 바다로 나갔던 어선이 돌아오면 작업장에는 활기가 돌았다. 선원들이 바다에 뿌렸다가 건져 올린 그물에는 운수 나쁜 고기들이 줄줄이 걸려있었다. 그물에 낚인 고기들을 일일이 손으로 떼어내는 건 우리 할머니의 몫이었다. 그 일을 하시느라 추운 겨울이면 손이 시커멓게 얼곤 했다. 뼛속까지 파고드는 동해의 바닷바람을 온몸으로 겪어낸 여인이다.

새벽에는 그렇게 항구로 나가 그물 작업으로 돈을 벌고, 낮에는 밭일을 해서 자식들 입에 콩도 넣고 팥도 넣고 감자도 넣었다. 그게 어디 자식들 입에만 들어갔을까. 열셋이나 되는 손자 손녀들 입에도 넣어주고, 그것도 모자라 울산의 증손주가 먹을 가자미까지 손수 말려서 보내셨다. 그 덕에 한국에 있을 때는 할머니가 보내주신 산지 직송 동해안 가자미를 달아놓고 먹이곤 했다. 할머니의 증손주인 나의 아이에게 말이다.

외증조할머니가 몇 날 며칠 해풍에 말려서 보내는 그 정성을 알아서일까. 외할머니가 끼니때마다 살을 발라가며 입에 넣어주던 그 사랑을 알아서일까. 아이는 일찌감치 바다의 맛을 알아버렸다. '한 명의 아이를 건강히 키워내려면 몇 사람의 사랑과 수고가 필요한 걸까?' 이런 생각을 하며 오늘도 난… 고등어를 굽는다.

어느덧 구순을 맞은 나의 할머니, 분옥씨

유럽 아기들은 포대기를 모르겠지

자식을 향한 모정에 국적은 없겠지. 다만, 키우는 방식에는 차이가 있을 수밖에 없다. 아무래도 유럽 엄마들이 포대기를 하고 있는 건 상상이 안 되니까. 한국에서는 그 흔한 아기띠도 눈에 잘 띄지 않는다. 대다수의 아기는 개월 수를 불문하고 유모차에 누워있다. 어떤 엄마들은 한 손으로 유모차를 밀고 다른 손으로는 반려견의 목줄을 당기기도 한다. 그런 와중에도 얼굴에는 여유가 넘쳐흐른다.

그렇다면, 그들 눈에 난 어떻게 비쳐질까. 한 번도 시도해 본 적은 없지만, 어느 날 내가 포대기로 아이를 들쳐업고 집 앞을 배회한다면… 오가다 만난 체코 사람들이 어떤 반응을 보일지 사뭇 궁금하긴 하다.

계절마다 출근룩으로 한두 벌씩 장만했던 옷들은 급격

히 쓸모를 잃어가고 있다. 대신, 앞치마의 개수가 늘었고 집에서 입는 평상복에 점점 신경이 쓰인다. 동이 트면 침대에서 걸어 나와 주방 서랍에 있는 앞치마를 꺼내 허리춤에 두른다. 요즘 나의 유니폼이다. 벌겋게 김치물이 튄 자국은 아무리 빨아도 개운하지가 않다. 늘어난 홈웨어에 얼룩덜룩한 천 자락을 질끈 동여매고 부산스럽게 움직이다가 아이 낮잠 시간이 되면 포대기를 찾아 나선다. 포대기. 나의 또 다른 오피스룩이다. 오늘도 24시 독박 육아가 시작됐다.

"두고 봐! 난 엄마처럼 안 살 거니까"

만약 한 번이라도 이런 말을 입 밖으로 꺼냈다면 무슨 일이 벌어졌을까. 치기 어린 마음에 속으로만 읊조렸던 문장인데 이렇게 글로 옮기기만 해도 가슴이 아려온다. 뭘 안다고 감히 이런 생각을 품었는지 모르겠다. 자식이라고 해서 부모의 인생을 함부로 재단할 권리는 없다. 아무리 가족이라도 내가 아니면 모두가 타인이다. 가까운 관계일수록 이 사실을 더욱 분명히 인지할 필요가 있다. 우린 친밀하다는 이유로 서로에게 너무 많은 상처를 주니까.

나의 어머니인 그녀는 스물을 갓 넘긴 나이에 첫 딸인

나를 낳아 온 청춘을 바쳤다. 어떻게 20대를 내던질 수가 있지? 어떻게 청춘을 포기할 수가 있지? 그것만으로도 충분히 경이로운데 그 후로 지금까지 무려 40년이다. 한평생 자식들의 그늘에서 자유를 강탈당했다. 마흔 언저리에 막내를 낳고 환갑이 된 이날 이때까지도 새끼들 뒷바라지에 여념이 없다.

체코에 오기 전까지 원고를 써냈던 라디오 방송은 요일별로 고정 출연자가 정해져 있었다. 특히 금요일에는 명화 이야기로 시간 가는 줄 몰랐다. 그 코너 덕분에 알게 된 작품이 많은데 그중에서도 유독 잊혀지지 않는 그림 한 점이 있다. 한국 미술사의 거장인 박수근 화백의 <나무와 두 여인>은 1962년에 그의 손끝에서 태어났다. 우리 엄마가 1963년생이니까 한 살 터울인 셈이다. 엄마와 동시대를 살아온 이 작품을 보고 있노라면 지난날 내 마음에 저장해 놓은 또 하나의 그림이 겹쳐진다.

내가 대학생일 때 핏덩이였던 막둥이. 그 녀석이 고등학생이 된 지금까지도 마음을 들쑤시는 일화가 있는데 그때 우리 엄마의 나이가 마흔한 살쯤 됐으려나. 어린 막내를 업고 장에 나가면 채소 장수 할머니들이 "아이고메~ 등에 짊어진 게 쌀가마니라도 저래 이고 지고 하겠나. 자식이니까

죽을 동 살 동 업고 댕기는기라" 하셨단다. 그 말을 전해 들은 지가 벌써 17년도 넘었는데 아직도 이렇게 또렷한 걸 보면, 어린 마음에 퍽이나 깊이 각인이 됐나 보다.

'쳇! 그러니까 누가 애를 이렇게 많이 낳으래?'

그 시절의 나는 이런 고약한 생각으로 엄마의 고단함을 애써 외면했다. 변명거리는 많았다. 없는 형편에 어렵사리 들어간 대학이었다. 내 밑으로 동생이 줄줄이 넷. 그 무게감을 이기려 아르바이트를 서너 개씩 뛰었다. 그렇다 한들, 내 젊은 시절이 엄마의 삶보다 버거웠다고 말할 수 있을까. 적어도 난… 내 미래를 위해 어떤 고생도 감내할 수 있었지만 그녀는 아니었다. 아슬한 외나무다리 위에서 안간힘으로 서 있었다. '참자. 아이들이 스스로 제 앞가림 할 때까지만 버텨내자'하는 심정으로.

업어 키운 딸이
어느덧 '엄마'가 되었네

거친 동해가 낳은 강원도의 딸이 내 엄마라서일까. 나도 딸이지만 여느 집 딸들 같은 살가움이 내겐 좀 머쓱하다. 그럼에도 해외로 나오고부터는 통화가 늘었다. 불과 얼마전까지 바쁜 딸을 대신해 돌봤던 어린 손자를 애틋해하는 마음. 그 키운 정을 알기에 틈이 날 때마다 한국으로 영상통화를 건다. 그날도 전화기 화면 너머로 아이를 비춰주고 있었는데 "뭐야? 아직도 포대기 하는 거야?"라고 재차 묻는 엄마다. "응, 매일은 아니고 가끔"이라고 짧게 매듭지으려 했으나 "이제 애 무게가 얼만데~ 그러다 허리 다칠라" 하며 기어코 한마디를 덧붙인다.

엄마가 말한 대로 갈수록 아이를 업는 게 힘에 부친다. 두 돌이 지난 아이는 16kg에 이르렀다. 웬만해선 꺼내지 않으려 하지만 잠이 오면서도 더 놀고 싶어 울고 보챌 때는 다른 방법이 없다. 하는 수 없이 옷장 한 귀퉁이에 넣어둔 비장의 카드를 꺼내 아이를 등에 포옥~ 싸맨다. 그럼 언제 보챘냐는 듯 이내 스르륵 눈을 감는다. 허리가 욱신거리고 발바닥이 저릿해 오지만 내 등에 업힌 채 곤히 잠든 천사를 보면 그 모든 피로가 한순간에 녹아내린다.

아마 엄마도 그랬겠지. 울엄마는 오남매를 키우며 그 모진 세월을 기꺼이 견뎌냈는데 나는 왜… 겨우 하나 키우는 것도 이렇게 힘에 겨울까. '엄마처럼 안 살아야지' 했지만 마흔을 바라보는 이 나이가 되고 보니, 난 엄마처럼 살고 싶어도 그럴 재간이 없는 거였다.

결혼에 대해 뭘 안다고.
육아에 대해 뭘 안다고.
그저 버텨내야만 하는
한 여자의 인생에 대해
내가 뭘 아는 게 있다고.
어린 날의 철딱서니는
이제 와 이렇게
뒤늦은 반성을 하고 있다.

대륙의 더위가 집을 삼킨 날, 아이와 나

흡연에 대한 체코의 생각

삐이~익!

1층에 있는 공동 현관문은 한 손으로 열기 힘들 만큼 묵직하다. 이방인의 신분으로 길을 나서려면 딱 그만큼의 무게를 감당해야 한다는 무언의 메시지처럼 느껴진다. 내가 이런 감정을 느끼는 시간은 주로 오전 11시. 아무리 일사불란하게 움직여도 그 언저리다. 이른 아침부터 엉덩이 한 번 붙일 새도 없이 바삐 움직였다. 아침 7시에 기상하는 아들을 먹이고 닦이고 입히다 보면 오전이 순식간에 사라진다. 집에 있는 한 이 굴레를 벗어날 수가 없다. 나가자. 제발 좀 나가보자.

터벅터벅. 문을 열고 겨우 몇 걸음 떼었을 뿐인데 팔다리에 힘이 쭈욱 빠진다. 이런 내 속을 아는지 모르는지, 유모차에서 얼굴만 빼꼼 내밀고 있는 개구쟁이는 배시시 웃고 있다.

"아가~ 바깥 공기 마시니까 좋아?
집에만 있으니 답답했지?"

10월로 접어들면서 체코의 바람도 제법 서늘해졌다. 잠시 유모차를 세우고 아이의 옷깃을 여미어 주고 있는데 어디선가 매캐한 냄새가 우리의 코끝까지 불어왔다. 방금 전까지 다정한 엄마 모드였는데 출처를 알 수 없는 담배 연기 때문에 일순간 인상이 구겨졌다. '누구야? 누가 길에서 담배를…'하는 심정으로 고개를 세차게 들어 올렸다. 바로 그때, 또 다른 유모차 한 대가 우리의 옆을 호기롭게 지나치고 있었다. 이럴 수가! 내 미간을 일그러뜨린 장본인이 갓난아기의 엄마라니.

'내가 뭘 본 거지? 애엄마가 저래도 되나?'

마치 엄청난 비밀이라도 알게 된 것처럼 가슴이 벌렁거렸다. 어찌할 바를 몰라 얼음처럼 굳은 나와 달리, 그녀는 아무렇지도 않아 보였다. 한 손으로 유모차를 밀고 남는 손으로는 담배 한 개비를 쥐고 있었다. 두어 걸음씩 걷다가 무심하게 한 모금씩 빼끔거린다. 그 엄마가 "후~우~~" 하고 내뿜은 담배 연기가 바람을 타고 자유롭게 허공을 떠돌았다. 그랬다. 그날 그 거리에서 불편을 느낀 건 오직 나뿐인 듯했다.

'아니야. 뭔가 이유가 있겠지.

극심한 육아 스트레스 때문에

잠깐 일탈을 했다거나, 뭐…'

쓸데없는 추측이었다. 아이를 데리고 다니면서 흡연을 하는 엄마. 이 나라에서는 어느 거리에서나 볼 수 있는 흔한 풍경일 뿐이다. 처음 그 모습을 마주했을 때는 소스라치게 놀랐다. '어떻게 애 엄마가 저럴 수가 있지? 어떻게 아이의 손을 잡고 걸으면서 담배를 입에 물 수가 있지?'

그렇게 시작된 흡연에 대한 생각은 케케묵은 기억까지 끄집어냈다. 그곳은 부산 광안리 해변가에 있는 한 카페였다. 그 당시 함께 일했던 PD와 작가들이 볕 좋은 창가 테이블에 둘러앉았다. 아이디어 회의를 위한 자리였지만 그윽한 커피 향에 마음이 살짝 느슨해졌다. 그래서였을까. 모 피디가 전에 없던 농담을 건넸다.

"조작가는 왠지 담배가 어울릴 것 같아.

유럽 여자들이 길에서 피우는 걸 봤는데 멋있더라고"

그때 생각했다. 아~ 유럽 여자들은 뭘 해도 멋있다는 소릴 듣는구나. 그런데 나는 왜? 그것 또한 환상 아닐까? 모름지기 작가라면 담배 정도는 피워줘야 고뇌에 찬 글이 나오지, 하는 일종의 프레임 말이다.

어쨌거나 난 끝내 그 피디의 환상을 채워주지 못했다. 게다가 그가 말한 '담배 피우는 유럽 여자'와 숱하게 마주치고 있는데 딱히 멋있다는 생각이 들지 않는 건, 내가 남자가 아니라서 그런 걸까. 멋은 커녕, 그녀들 옆에서 천진한 얼굴로 연기를 들이마시는 아이들이 걱정돼서 혼났다. 그렇게 남의 집 문제로 골머리를 앓다가 문득 스치는 생각에 '아~!' 하고 무릎을 쳤다.

'맙소사! 이런 게… 남녀평등인가?'

남녀평등. 어째서 난 길담배를 일삼는 엄마들을 보며 이 단어를 떠올렸을까. 흡연에 대한 감정을 걷어내고 다시 찬찬히 그 가족을 살폈다. 그러자, 누구의 눈치도 보지 않는 한 인간이 보였다. '여성'이라는 이유로 남몰래 숨어서 피우는 게 아니라, 벌건 대낮에 남편과 아이들을 대동하고 거리를 활보하면서 보란 듯이 담배를 꺼내 드는 엄마. 그녀가 그렇게도 당당할 수 있었던 배경에는 뿌리 깊은 성평등이 깔려 있는 게 아닐까.

그런 가정에서 자란 아이라면 흡연에 대한 문제는 겪을지언정 성차별에 대한 쇠뇌는 없겠구나 싶었다. 그런 마음이 들자, 바깥으로 향했던 시선이 부메랑처럼 나에게 돌아왔다. 그날 그 거리에서 담배 연기를 내뿜는 사람이 그 아이들의 엄마가 아니라 아빠였다면? 그래도 내 마음이 이렇게까지 들끓었을까? 세상 모든 것들은 한 가지 색으로만 존재하지 않는다. 앞으로도 그것만 기억한다면 크게 놀랄 일도, 크게 동요할 일도 없겠지.

이 가을,

체코에도 바람이 분다

오늘 부는 바람에는

어떤 냄새가 섞여 있을까

네 살 배기가 인종차별을 당했다

조물주는 왜 인간의 피부색을 여러 가지로 나누어 놓았을까. 그로 인해 어떤 결과가 초래될지… 신이라면 분명 알았어야 했는데 말이다.

지금으로부터 언 20여 년 전. 학교라는 울타리를 벗어나면 죽는 줄로만 알았던 그 시절의 나는 소심한 겁쟁이였다.

'세계지도? 그런 건 들여다봐서 뭐 해?

어차피 나랑은 상관없는 세상인데 말이야'

그때나 지금이나 가질 수 없는 건 처음부터 갈망하지 않는 편이다. 부질없는 희망 따위는 애초에 바라지 않는 게 속 편하다고 믿었으니까. 그렇게 좁고 고요한 우물 안이 가장 안전하다고 믿었던 그 아이. 꿈도 꾸기 전에 포기부터 배웠던 그 소녀는 훗날 우물 밖 세상에 눈을 돌렸다. 한 번도 꿈꿔본 적 없는 지구 반대편에서 이상한 나라의 앨리스가 되었다.

'앨리스 트라우마'는 어른인 나도 극복하기가 쉽지 않다. 하물며 이제 갓 네 살이 된 어린아이는 어떨까. 말이 네 살이지 아직 세 돌도 지나지 않았다. 차라리 신생아 때 데려왔더라면 조금 나았을지 모른다. 그럼 차별이 뭔지 따돌림이 뭔지 의식조차 못했을 텐데 말이다. 종일 먹고 자고 옹알이하다가, 말문이 트이고 생각이란 걸 하게 될 즈음에 한국으로 돌아간다면? 차라리 그게 더 나았으려나? 부질없는 줄 알면서도 이런 마음의 고리를 끊어낼 수가 없다. 이제 생활을 위한 적응은 웬만큼 했다고 생각하는데, 우리를 바라보는 '시선'에 대해서는 도무지 무뎌지지가 않는다.

며칠 전 그날. 아이를 데리고 자주 가던 쇼핑몰을 찾았다. 딱히 살 것이 있어서라기보다는 그 건물에 있는 실내 놀이터가 우리의 방앗간이기 때문이다. 사내아이라 그런지 갈수록 에너지가 넘친다. 아직 마음에 썩 드는 어린이집을 찾지 못했다. 하루가 멀다 하고 이 놀이터 저 놀이터를 전전하며 기운을 빼고 있다.

그날도 그런 날 중에 하루였다. 쇼핑센터 식당가에 있는 공용 놀이터였고 보통 때보다 소란스러웠다. 내 아이보다 두어 살은 많아 보이는 현지 아이들이 이미 점령한 상태였다. 그러거나 말거나 우리집 꼬맹이는 개의치 않고 마구 들이댄다.

"안녕~ 헬로우~
나도! 나도 같이해~~"

당연히 체코 아이들은 한국말을 알아듣지 못한다. 그 아이들 귀에는 그저 검은 머리의 동양 아이가 하는 외계어로 들릴 뿐이다. 그래서인지 대부분의 반응은 무반응이다. 열에 아홉은 그냥 눈을 피한다. 그런데 그날 만난 아이는 전에 없던 반응을 보였다.

당시의 상황을 되짚어 보면, 내 아이는 현지 아이들 무리에 끼고 싶어 기웃거리고 있었고 나는 근처에 앉아 있었는데… 얼마 지나지 않아 "엄마~~"하고 달려와 겁에 질린 얼굴로 안기는 아들. 그 뒤로 쫓아 나온 금발 머리의 한 여자아이가 우리를 노려보며 날 선 목소리로 한참을 소리쳤다. 체코어는 잘 몰라도 분명히 느낄 수 있었다. 그 아이의 공격적인 태도와 냉랭한 눈빛이 모든 걸 말해 주었다.

아이들에게 있어 놀이터는 태어나서 처음 만나는 사회다. 어린이집보다 먼저 발을 디디는 곳이 놀이터다. 그 속에서 처음으로 '공동체'라는 개념을 접하게 된다. 그날 무례한 행동을 한 그 아이. 그 애가 한참 동안 당돌하게 떠들 수 있었던 건 방관자의 태도로 일관하는 부모가 있었기 때문이리라. 그릇된 행동을 하는 줄 뻔히 보면서도 그 아이의 엄마는 어떤 제재도 가하지 않았다.

그러고 보니, 그런 일이 처음은 아니다. 몇 달 전에 동물원에 갔을 때의 일이다. 기분 좋게 시간을 보내고 출구를 찾아 돌아 나오는 길이었다.

"칭챙총~ 에~~"

원래는 중국인을 비하하는 말로 시작했으나, 근래에 들어서는 한중일에 두루 적용하는 인종차별적 발언으로 알려져 있다. 그때까지만 해도 나는 이 말의 의미를 전혀 알아채지 못했다. 불행히도 남편은 똑똑히 알아들었고 그 말이 가지는 불쾌함까지 정확히 인지하고 있었다. 양손으로 눈을 찢는 시늉을 하며 '칭챙총'을 입에 담던 그 아이는, 아이라고

하기엔 제법 컸다. 다 큰 10대 소녀였는데 그때도 마찬가지였다. 그 애 옆에는 부모로 보이는 중년의 남녀가 함께 있었다. 그리고 그들 역시… 침묵했다.

참을 수 없는 건 그런 부모들의 태도다. 아이들은 잘못을 저지를 수도 있다. 단, 그 잘못을 바로잡아줄 어른들이 곁에 있다는 전제가 깔려야 한다. 물론 모두가 그런 건 아니다. 기억에 남는 친절과 배려, 따뜻한 눈빛을 보내준 이들이 훨씬 더 많다. 그렇지만 연이은 차별의 충격은 어떻게 해도 쉬이 가시질 않는다. 곧 어린이집에도 보내야 하고 앞으로 더 많은 무리 속에서 더 따가운 시선을 받게 될 아이를 생각하니 마음이 무겁다. 하지만 그럴수록 드는 생각이 있다.

겪어야 할 일이 있다면 피하지 말고 겪어내자.
힘들더라도 정면으로 맞서자.
두렵다고 무섭다고 피하지는 말자.

그래, 그렇게 해 보자, 아들!

외국에서 차를 사는 심정

한국을 떠나오면서 집도 일도 차도. 내 선에서 할 수 있는 것들은 대부분 다 처분했다. 영영 떠나온 것은 아니지만 긴 공백을 위해 필요한 어쩔 수 없는 절차였다. 당연한 얘기겠지만 익숙한 것들과 헤어지는 과정은 녹록지 않았다.

"앵~ 으애앵~"
"어어! 울지 마. 엄마 여기 있어요"
"으앙~앙~ 으아아아아앙~~"

한국에서 몰았던 승용차에는 아들과 나, 우리 모자의 추억이 한 보따리였다. 아이가 갓 백일을 넘겼을 무렵부터 함께 출퇴근을 했다. 어린 아들은 외할머니댁으로, 나는 방

11
KOUPELNY JaS
FABIA

송국으로 출근 도장을 찍었다. 매일이 전쟁이었다. 살얼음판 위를 달리는 듯했다. 그 아슬아슬한 길에서 우리를 지켜준 바퀴 달린 내 친구. 비록 오래되고 낡은 퇴물이었지만 그런 건 대수롭지 않았다. 우리 가족의 발이 되어주고 고된 일상 속에서 비바람을 막아주었으니 잊지 못할 '인생 차'임에 분명하다. 그럼에도 나는 그 차를 다른 이에게 보내야만 했다. 예정된 출국일이 다가오고 있었기에 마땅한 수순이었다. 서운한 마음을 뒤로 하고 새로운 주인에게 넘겨주던 날. 그날이 아직도 선하다. 여러 감정이 나를 헤집던 그날이.

그 후로 1년. 운전을 끊고 살았다. 처음에는 어딘지 모르게 허전한 기분이 들기도 했는데 그러다 어느 순간부터는 되려 즐기게 됐다. 차로 바삐 지나치느라 놓치고 살았던 소소한 풍경들을 되찾았다. 주인을 따라 산책을 나온 반려견의 상기된 표정, 보도블록의 틈새를 노리는 개미 떼의 군무, 한낮의 부는 살랑바람의 온도와 쏟아지는 햇살의 감촉까지. 어느 것 하나 새로울 게 없음에도 모든 순간이 새삼스러웠다. 매일 내 단짝과 유모차 여행을 떠났다. 공원으로, 놀이터로, 마트로. 어디든 발길 닿는 곳으로 걷고 또 걸었다. 그렇게 뚜벅이 생활에 완벽히 적응했다고 생각할 즈음, 다시금 선택의 기로에 놓였다.

남편 : 어린이집은 언제쯤 보내는 게 좋을까?

나　 : 올해 한국 나이로 네 살이니까
　　　이제 보내긴 보내야 하는데 걱정이야

남편 : 뭐가 제일 걸리는데?

나　 : 글쎄… 마음에 드는 기관은 거리가 좀 있어서…

기면 기고 아니면 아닌 성격이라 고민을 질질 끌지 않는 편인데, 이번만큼은 쉽지 않았다. 몇 달 동안 고심하고 또 고심했지만 그럴수록 도돌이표를 그리는 기분이었다. 한두 푼도 아니고 아이 어린이집 등·하원을 위해 차까지 사야 할 필요가 있을까? 차를 사지 않고 보낼 수 있는 방법은 없는 걸까? 이런 물음표들이 마음을 어지럽혔다.

잘살아 보겠다고 결정한 외국행이다. 남의 나라에서 이방인으로 살며 힘들게 고생하는 만큼 좋은 결실을 맺어야 한다는 강박이 컸다. 되도록 불필요한 지출은 피하고 싶었다. 하지만 삶이 어디 그리 단순하던가. 예측할 수 없는 변수들이 사방에서 튀어나와 골치를 썩인다.

'번화가에 집을 얻으면 인근에
괜찮은 어린이집도 있겠지?
그럼 굳이 차는 필요 없겠네'

한국에서 계산을 굴렸을 때는 모든 게 완벽해 보였다. 시간이 조금 걸리긴 했지만, 계획대로 번화가에 집을 얻었고 어린이집이야 찾아보면 하나쯤은 있겠거니 했는데… 너무 쉽게 생각했던 걸까. 집 근처에는 마음에 드는 곳이 한 군데도 없었다. 오랜 고민 끝에 차로 왕복 40분 거리에 있는 기관으로 마음을 굳혔다.

결국 차를 사는 것까지는 결정을 내렸는데 고민은 거기서 끝나지 않았다. 차주가 되어 직접 관리를 할 것인지 아니면 장기간 빌려주는 '리스 차'를 이용할 것인지. 어느 쪽이 덜 손해인지 또다시 수를 놓아야 했다. 사서 타든 빌려서 타든 까먹는 돈은 비슷했다. 그렇다면 조금이라도 더 마음이 편한 쪽을 선택하는 게 맞지 않을까. 업체를 이용하면 보험처럼 까다로운 문제들은 알아서 처리해 줄 테니 그런 점은 확실히 장점이다. 하지만 연 단위로 득과 실을 따져보니 처음에 목돈을 들이더라도 차를 사는 게 맞겠다 싶었다.

결론부터 말하자면 체코에서도 내 차가 생겼다. 4년 전에 나온 소형 중고차다. 몇 년 뒤에 되팔 걸 생각하면 경차라도 새 차를 사는 게 옳았다. 그걸 몰라서가 아니다. 돈도 돈이지만 더 큰 쟁점은 '시간'이다. 세계적인 반도체 대란이 체코만 비껴갔을 리 없다. 원하는 차를 신형으로 받으려면 1년이든 2년이든 하염없이 기다려야 한다는 걸 잠시 간과하고 있었다. 이렇든 저렇든 새 차와는 인연이 없나 보다. 아쉬워해야 할 사람은 나인데 남편이 더 상심했다. 이런 일에 무관심한 아내를 대신해 백방으로 알아보고 다닌 장본인이다. 이번에도 세심한 남편의 덕을 봤다. 허구한 날 온갖 중고차 사이트를 뒤지고 다니더니 어느 날 확신에 찬 목소리로 이 차를 보여주었다. 세상에 널리고 널린 게 중고차라고 생각했지만 여기는 유럽이다. 나처럼 2종 보통 면허를 가진 운전자가 이 나라에서 선택할 수 있는 차는 많지가 않다.

"여기 사람들한테 오토매틱 자동차는 인기가 없어"
"아니, 왜? 그럴 리가!"

믿기 어렵지만 이게 현실이다. 기본적으로 체코인들은 자동보다 수동 운전을 선호한다. 실제로 현지 중고차 시장에 가보면 오토매틱 자동차는 손에 꼽을 만큼 드물다. 매물이 귀하니 살 때는 비싼데, 팔 때는 또 선호도가 낮다는 이유로 헐값이다. 여러모로 손해가 막심하다.

체코의 자동차 시장은 왜 오토매틱을 활성화하지 않는 걸까. 가장 유력한 이유는 연비다. 유럽인들의 연 단위 주행

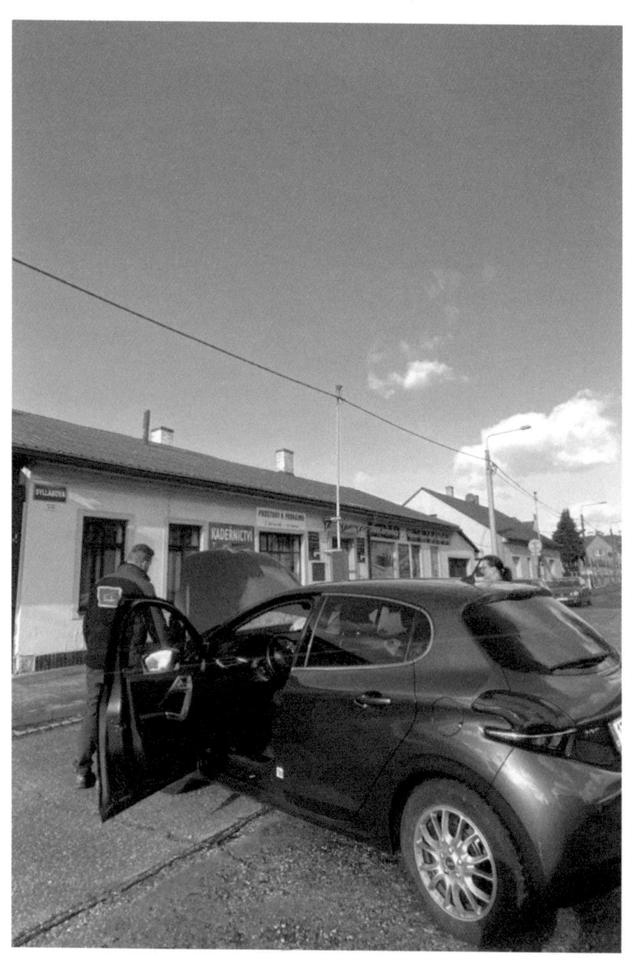

시운전을 마치고 차량 상태를 살피는 모습

거리는 한국에 비할 바가 아니다. 체코만 보더라도 주변국을 내 집처럼 드나들 수 있다. 폴란드, 슬로바키아, 오스트리아와 같은 이웃 나라가 사방으로 연결돼 있다. 그래서인지 유럽인들은 평균적으로 1년에 2~3만 킬로미터는 기본으로 달린다. 고로 연비를 무시할 수가 없다. 그런 점에서는 수동 운전을 하는 게 훨씬 이득이다.

'이럴 줄 알았다면 미리 수동 운전을 배워왔을 텐데…'

아쉬운 마음에 소용없는 후회를 늘어뜨리며 미련을 떤다. 한국에서 해외 이사를 준비할 때 밤잠을 설쳐가며 계획을 짰다. 나름대로는 꼼꼼히 챙겼다고 생각했는데 지나고 보니 성에 안 차는 것들 투성이다. 하지만 다시 그 상황으로 돌아간다고 해도 완벽하게 해낼 자신은 없다. 몇 번을 다시 해도 거기서 거기일 게 뻔하다. 그러니 마음 쓰지 말자. 부족한 건 부족한 대로 인정하고 받아들이자. 어차피 인생은 완벽을 추구하다 끝나는 미완성의 미학이니까.

하나 더
낳아 오면 되겠네

"체코로 간다고? 잘됐다!

거기 가서 하나 더 낳아 오면 되겠네"

하나 더. 내게 이 말을 건넨 사람들은 최대한 가벼운 어조를 띠려 했다. 둘도 아니고 셋도 아니고 하나쯤 더 낳는 건데 뭐, 라는 의미였을까. 밖에서 그런 말을 듣고 온 날에는 온갖 상념으로 머리가 묵직했다. 마치 해야 할 숙제를 미루고 있는 게으른 학생이 된 기분이었다. "하아…" 그렇다면, 나도 그들에게 되묻고 싶다.

"하나 더 낳으면요?

그럼 완벽한 가족이 될 수 있나요?"

요즘도 나는 심중에 있는 이 말 때문에 수시로 생각에 잠긴다. '그러니까 내가 왜 둘째 생각이 없냐면…'으로 시작되는 구실 찾기의 연속이다. 어떻게든 당위성을 찾아내려 마음을 어지럽히곤 하는데 그러다가 잠시 멈칫한다. 거꾸로, 나도 누군가에게 숙제 같은 말을 준 적은 없는지. 내가 무심코 뱉어낸 말에 복잡한 표정을 지었던 이는 없었는지. 지난 언행을 돌아보았다.

"하나 더요? 그게 어디 말처럼 쉽나요"와 같은 말을 방패로 삼는 나조차도 은연중에 이런 얘기를 늘어놓을 때가 있다. '나보다 나이도 어린데 하나 더 낳아도 되겠다'라든가 '능력도 좋은데 하나 더 낳지, 왜' 하면서 상대를 불편하게 했다. 나도 하지 못하는 걸 남에게 권했으니 듣는 입장에서는 얼마나 어이가 없었을까. 설령, 그럴 의도는 없었다 할지라도 받아들이는 입장에서 기분이 언짢았다면 그건 조언일까, 비수일까?

외동인 아빠와
오 남매 장녀인 엄마

남편과 나의 성장 배경은 판이하게 다르다. 남편은 무

녀독남 외아들인데 나는 무려 오 남매의 장녀를 맡고 있다. 형제 없이 외롭게 자란 그는 내가 동생이 많아서 좋다고 했다. 거짓말. 아무리 그래도 그건 아니지. 요즘같이 심플한 세상에 형제가 많아서 좋다고? 식구가 많아서 부담된다는 말은 들어봤어도 형제자매가 많아서 마음에 든다니. 그 말이 진짜일 리 없다고 선을 그었다.

그런데 웬걸. 이 엉뚱한 남자는 내가 그어놓은 선을 모조리 지운 것도 모자라, 내 덕에 동생들이 생겼다며 좋아했다. 나보다 눈물이 많은 편이라 작은 것에도 쉽게 감동하는 남편. 울보 신랑답게 처남과 처제가 사소한 것 하나라도 챙겨주면 어김없이 눈시울을 붉히곤 한다. 그럴 때마다 내가 얼마나 다복한 환경에서 자랐는지 새삼 실감하게 된다.

내가 북적북적한 대식구의 맏딸인 것도 남편이 부모의 사랑을 독차지한 외아들인 것도. 모두 우리의 뜻은 아니었다. 그건 어디까지나 불가항력적인 영역이니 길게 언급할 필요도 없다. 그렇다면 우리 슬하의 2세는? 이 부분은 전적으로 우리 두 사람의 의지로 결정된다. 그렇기에, 신중에 신중을 기하고자 결혼 전부터 이 주제로 열띤 토론을 벌여왔다. 하지만 아무리 머리를 맞대 봐도 명쾌한 해답은 떨어지지 않았다. 그럼에도 우리 대화의 분명한 교집합이 무어냐 묻는다면, 둘 다 아이라면 사족을 못 쓸 만큼 예뻐한다는 거다. 자, 그렇다면… '에라 모르겠다~ 예쁘니까 하나 더 낳을까?'

글쎄, 둘 중 하나라도 화끈한 성격이었다면 그런 사고(?)를 쳤을지도 모른다. 문제는, 순간의 감정으로 일을 벌이기에는 우리의 나이가 적지 않다는 데에 있다. 곧 불혹이 되는 우리 부부에겐 셋 정도 키운다 싶을 만큼 존재감을 확실히 뽐내는 아들이 있다.

만약, 첫 아이가 딸이었다면? 그럼 둘째를 갖기가 좀 수월했을까?

이런 가정을 해 봐도 여전히 자신은 없다. 적지 않은 나이와 넉넉지 못한 경제력도 걸림돌이지만 그보다 더 중요한 이유는 '나 자신'에게 있었다.

나는 아직도
내가 너무 애틋하다

올해를 넘기면 나도 사십 줄에 접어든다. 소위 말하는 아줌마가 되었다. 이쯤에서 심오한 고민에 빠져본다. 내가 걸어가야 할 '아줌마의 길'이란 과연 무엇일까. 지금처럼 앞으로도 계속 집에서 밥이나 하고 애나 키우면 되는 건가? 그러다가 어느 날, 내 전부라 믿었던 자식이 홀연히 떠나가 버리면?…… 그저 상상일 뿐인데도 마음이 허하다. 뭐 그렇게 대단한 인생을 살겠다는 건 아니지만 끝이 보이는 길은 가고 싶지 않다.

아이를 낳아보니 둘째 욕심이 생기는 것도 사실이지만 그렇다고 나를 포기하고 오롯이 엄마로만 사는 건? 그게 정녕 내가 바라는 삶인가? 새 생명을 잉태하고 대한민국 출산율에 기여하는 것도 나름대로 유의미한 업적이 될 테지만 내게는 그보다 더 큰 가치가 있다.

내가 이 세상에 온 이유가 분명히 있긴 있을 텐데, 난 아직 그 비밀을 풀지 못했다. 나의 꿈을 아이에게 투영할 마음도 없다. 이 생에서 내게 남아있는 시간이 얼마나 될지, 그 시간 동안 무엇을 얼마나 이룰 수 있을지. 장담할 수 있는 건 아무것도 없다. 다만 한 가지 바라는 게 있다면 내 아들 눈에 비친 내 모습이 무기력한 엄마는 아니길 빈다. 육아를 핑계로 꿈을 저버린 비겁한 어른. 그런 모습으로 기억되기는 싫다. 그래서 엄마는 오늘도 꿈을 꾼다. 비록 지금은 '해외 살이'라는 특수성 때문에 발이 묶였지만. 언젠가 다시. 크든 작든 나만의 영역을 일구리라는 희망을 품는다.

지금은 아득하게만 보여도 곧 현실이 되겠지. 그래, 그렇겠지. 그렇게 살다가 어느 날 문득 “엄마! 나는 왜 동생이 없어?”라는 말을 듣게 되는 날도 오겠지. 그럼 난… 무슨 답을 준비해야 할까. 그럴듯한 말을 찾다가 하릴없이 마음이 가라앉는다 해도 바뀌는 건 없으리라. 결국 삶이란 선택과 집중이 빚어낸 불공평의 드라마가 아니던가.

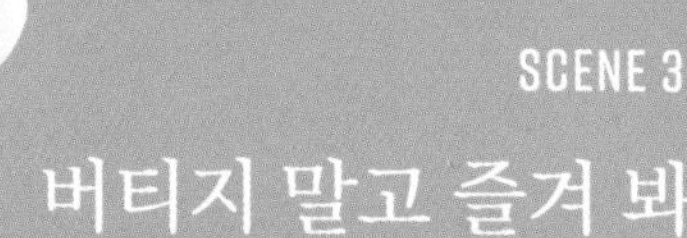

SCENE 3.

버티지 말고 즐겨 봐

무언가 불안하다는 건 잃을 게 있다는 얘기니까.
분에 넘치도록 행복하다는 반증일 테고
손에 쥔 행복이 달아날까 봐 겁이 난다는 뜻이니까.
그러니까 기어이 이 평화에 금이 간다 해도
또 다른 신기루를 찾아 길을 나서면 그뿐이다.

다시 쓰는 출세의 의미

엄마 : 딸~ 우리 식구 중에 네가 제일 출세했네

나 : 그게 무슨 말이야?

엄마 : 엄마, 아빠는 못 가 본 곳이 많은데
너는 해외 경험이 많잖아

날 출(出), 인간 세(世). 이 두 글자 안에는 세 가지 뜻이 내재돼 있다.

첫째, 사회적으로 높은 지위에 오르거나 유명하게 됨

둘째, 숨어 살던 사람이 세상에 나옴

셋째, 세상에 태어남

난감하게도 엄마가 말한 '출세의 의미'와 딱 맞아떨어지는 풀이는 없다. 굳이 꼽자면 두 번째 해석이 그나마 근접

할까. 숨어 살던 사람이 세상에 나오는 것도 '출세'로 친다면 엄마 말도 일리가 있다. 우물 안에 있던 시절을 '숨어 살았다'고 생각하진 않지만, 우물 밖에 서 있던 누군가에겐 그렇게 비추어졌을지도 모르겠다.

영화 <월터의 상상은 현실이 된다>에서 주인공인 월터 미티는 상상으로 출세를 맛보는 인물이다. 하지만 현실은 '라이프'라는 잡지사에서 16년을 하루처럼 산다. 지겹게 반복되는 일상에 스스로를 묶어두었다. 그러던 어느 날, 폐간을 앞둔 'Life'지 마지막 호의 표지 사진을 찾아 나선다. 일생일대의 탐험이 시작된 것이다. 집-회사-집 밖에 몰랐던 월터에게는 지각변동과도 같은 사건이다. 상상 속에서 누볐던 그린란드 (Greenland)가 아니었다. 머릿속으로만 그렸던 아이슬란드 (Iceland)와는 차원이 달랐다. 그렇게 월터는 세상 밖으로 걸어 나왔다.

월터가 겪은 찬란함에 비하면 '나의 첫 출세'는 소박하기 그지없었다. 첫 번째 해외 경험은 스물넷에 이뤄졌다. 친구 따라갔던 일본 여행. 그게 시작이었다. 금요일 밤에 부산에서 배를 타고 후쿠오카로 떠나는 2박 3일 여정이었는데 일본이라 그랬는지 외국이라 해도 별 이질감은 없었다. 그럼에도 내게는 엄청난 자극이었고 충격이었으며 내면의 막이 한 꺼풀 벗겨지는 역사적인 일탈이었다.

그 후로는 일 때문에 이따금씩 해외 촬영을 다녔다. 그러다가 서른 즈음에는 돌연, 잘 다니던 직장을 때려치우고 '캐나다 어학연수'라는 대형 사고를 쳤다. 아무튼 내 인생은 '캐나다 사건'을 전후로 나뉜다 해도 과언이 아니다. 정말 대책 없이 용감했다. 그토록 비장했던 내가 한 가지 간과한 게 있었는데… 여행과 생활은 결이 다르다는 걸 몸으로 부딪치며 배웠다. 무모했기에 저지를 수 있는 모험이었다. 그렇게 해외에서 살아보는 건 밴쿠버가 처음이자 마지막일 거라 짐작했다. 그런데 나는 왜… 어째서 또 외국에서 살고 있는 걸까.

1년 남짓한 밴쿠버 생활을 정리하고 귀국했을 때, 엄마가 울먹이면서 했던 말이 아직도 귓가에 선하다. "다시는 멀리 나가지 마, 알았지?" 잠깐 여행도 아니고 한동안 살다 오겠다고 홀연히 떠나버린 딸자식. 그런 내 뒷모습을 물끄러미 지켜만 봐야 했던 부모의 심정은 어땠을까. 그런 일을 한 번도 아니고 두 번이나 겪게 해 드렸으니 불효가 막심하다.

남편 : 우리가 해외로 나가면

양가 부모님이 많이 서운해하시겠지?

나 : 그야 당연하지

그렇지만 지금으로써는 이게 최선이잖아

남편 : 맞아. 어디에서든 잘 사는 모습을

보여드리는 게 효도라고 생각하자

둘이서 이런 대화를 주고받은 지도 햇수로 벌써 2년이 지났다. 한국에 있는 가족들과 영상통화를 할 때마다 다시 만나게 될 날을 약속한다. 언제가 될는지 기약할 수는 없지만 가까운 미래에 부모님을 체코로 모시는 날이 온다면… 지금의 이 불효를 조금은 만회할 수 있지 않을까. 엄마 말이, 해외 경험이 많으면 출세한 거라고 했으니까. 이참에 양가 부모님들께 유럽 여행으로 출세시켜 드리면, 밀린 효도 마일리지를 통 크게 쌓을 수 있을 테니 말이다.

더 나아가서, 출세의 '참 의미'에 대해 고심해 봤다. 내가 찾은 답은 '육신'이 아닌 '정신'에 있었다. 꼭 넓은 세상으로 나아가야만 출세일까. 반드시 높은 지위에 올라야만 성공일까. 우물을 깨고 나와도 전혀 깨닫는 바가 없다면? 모두가 우러러보는 자리에 앉았지만 내 마음이 감옥이라면? 그래도 과연 출세를 논할 수 있을까. 나 역시, 스스로에게 심오한 물음을 던져본다. 나는 정말 출세를 하였는지. 나는 이곳에서 어떤 깨달음을 얻었는지. 질문이 쌓여갈수록 고개를 떨구게 된다. 결국 모든 건… 내 의지에 달렸다.

해질녘의 그리스

그리스로
대리만족 좀 하자

지난여름,
SNS에 올린 게시물에 줄줄이 댓글이 달렸다.

"뭐? 어딜 간다고? 그리스??"
"내가 죽기 전에 꼭 가고 싶은 곳이 거긴데~"
"사진 많이 올려 줘! 대리만족 좀 하자"

체코에서 보내는 첫 여름.
고심 끝에 선택한 휴가지가 그리스다.
'그리스… 글쎄… 그리스라…'
이제껏 물망에 오른 여행지 중에 이토록 현실감 없는 후보지도 없었다. 너무나도 요원한 이름이라 한 번도 욕심낸 적 없던 곳인데… 여름이 무르익던 2021년 7월의 어느 날, 그리스가 내게로 왔다.

헤라클리온 공항에 다다를 무렵 창밖 풍경

'여행'이란 두 글자는 그저 떠올리는 것만으로도 설렘을 가져다준다. 하물며 그리스라니. 생애 한 번 있을까 말까 한 기회에 심장이 요동쳤다. 출국일이 다가올수록 누구에게라도 알리고 싶어 손가락이 근질거렸다. 그렇게 어린애처럼 마냥 들떴다가도 '아니지. 이 시국에 여행 다니는 게 무슨 자랑이라고… 혹시 취소될지도 모르니 조용히 있자' 싶었다. 문득문득 조심스러운 마음이 들 때마다 나도 모르게 의기소침해졌다.

설렘과 걱정을 오가는 사이, 대망의 출국일이 밝았다. 부연 설명을 하자면, 이곳 체코 오스트라바 공항에는 항공편이 많지가 않다. 차선책으로 한 시간 거리에 있는 이웃 나라로 고개를 돌렸다. 다행히 폴란드 카토비체 공항에는 그리스 크레타섬으로 가는 항공기가 있었다.

두근두근. 비행시간까지 단 30분밖에 남지 않았다. 한껏 고조된 기분으로 지인들이 보는 SNS 계정에 "꺄~ 내 생애 그리스를~ 잘 다녀올게요, 총총" 대략 이런 내용을 덧붙여 사진 몇 장을 올렸다. 반응은 뜨거웠다. 삽시간에 여러 댓글이 달렸고, 대부분이 "사진 많이 올려 줘~ 대리만족이라도 좀 하자" 였다.

하아… 대리만족이라… 일순간 감정이 복잡해졌다. 한

국에 있는 내 가족, 내 친구들은 여전히 마스크 감옥에서 괴로워하고 있는데 이렇게 생각 없이 쏘다녀도 되는 걸까. 물론, 유럽인들도 마스크를 착용하긴 한다. 단, 실내에서만. 규제가 없는 야외에서는 '노마스크'가 태반이다.

아무튼 그때부터 '대리만족'이란 네 글자가 뇌리에 콕콕 박혀버렸다. 고국의 분위기를 고려하면 더 이상의 사진은 삼가는 게 옳았다. 그렇지만 내게 SNS는 기록의 의미이기도 한데 어쩌지? 언제 어디에서 어떤 시간을 보냈는지, 나의 일상을 남기고 추억하는 공간이기도 하니까. 그래서 생각했다. 기왕지사 이렇게 된 거 사진을 기똥차게 찍어서 대리만족에 부응하는 랜선 투어 가이드가 되어보자.

산토리니 말고요
'크레타섬'을 아시나요?

"크레타? 그런 섬이 있다고?"

내가 얼마나 그리스에 대해 무지했는지, 남편과 나눈 대화 속에서 여실히 깨달았다. 그리스에 가기만 하면 산토리니가 눈 앞에 펼쳐지는 줄 알았고, 그리스에 가기만 하면

야외 수영장 썬베드에서

웰컴드링크는 '진저 모히또'

영화 <맘마미아>의 스키아토스섬이 내 것이 되는 줄로만 알았다.

만약 신혼 때였다면 그 비슷한 경험을 했을지도 모르지만, 우리에겐 어린 아들이 있지 않은가. 아이와 함께할 수 있는 여행은 지극히 제한적일 수밖에 없다. 이 넓디넓은 유럽에서 그리스를 선택한 이유도 그 때문이다. 이동이 많은 관광지보다는 한곳에 머무를 수 있는 휴양지가 필요했다. 비행시간도 관건이다. 폴란드 카토비체 공항에서 크레타섬이 있는 헤라클리온 공항까지 약 3시간 30분이면 닿을 수 있기에. 여러모로 그리스를 마다할 이유가 없었다.

여기가 지중해 너머에 있는 에게해라고? 믿을 수가 없었다. 에게해는 그리스어로 '아이가이온 펠라고스(Aigaion Pelagos)'라고 하는데 우리가 찾은 크레타는 에게해 남부에 있는 섬이다. 그리스에 있는 섬 중에 가장 크고 인구도 제일 많다. 착륙하기 전에 창 너머로 슬쩍 내려다보니, 해변가에 리조트가 끝도 없이 들어서 있었다. 그중에서도 우리가 3박 4일간 머물렀던 숙소는 올 인클루시브(all-inclusive) 서비스를 받을 수 있는 리조트였다.

세상에! 말로만 듣던 '올 인클루시브'가 이런 거구나. 밥 때 맞춰서 식당에 가기만 하면 뷔페식으로 차려진 음식을 배불리 먹을 수 있다. 어디 그뿐인가. 물놀이를 즐기다가도 크레페 같은 핑거푸드를 무한대로 즐길 수 있고, 커피며 칵테일이며 지천에 먹을 게 널려있다. 내 손으로 밥을 하지 않아도 된다는 것. 가만히 앉아있기만 해도 식구들이 끼니를 해결할 수 있다는 것. 그게 얼마나 감사한 자유인지 주부가 되어보지 않으면 절대로 모를 거다.

날씨 요정이 사는 여름 섬, Creta

2021년에도 여름의 기세는 가히 대단했다. 체코도 한국 못지않게 더위가 기승을 부렸다. 그런데 그리스의 여름은 좀, 아니 많~~이 달랐다. 난생처음 경험하는 기이한 날씨였다. 해는 뜨거운데 왜 덥지가 않지? 태양이 나를 삼킬 듯이 이글거리는데 땀이 맺히지도 않았다. 차이는 '바람'에 있었다. 에게해의 해풍이 묘한 재주를 부렸다. 어떻게 이런 날씨가 있을 수 있지? 바닷바람인데 끈적이는 느낌도 전혀 없었다. 이래서 다들 그리스의 여름을 사랑하는 게 아닐까.

사랑하지 않을 수 없는 여름 섬, 크레타에서 최상의 휴식을 만끽했다. 인생의 격동기를 지나고 있어서 몰랐는데 나에게도 '쉼'이 절실했나 보다. 코로나 시대에 해외 살이를 준비하며 몸도 마음도 극심한 몸살을 앓았다. 지칠 대로 지쳐있던 내게 그곳에서의 며칠은 그냥 여행이 아니었다. 세상 그 어떤 약보다 효능이 좋았다.

느지막이 일어나 조식을 먹고, 물놀이나 조금 하다가, 시간이 맞으면 요가 수업에도 들어갔다. 그렇게 며칠을 보냈더니 푸석했던 얼굴에 차츰 생기가 도는 게 느껴졌다. 비록 산토리니는 근처에도 못 가봤고, 영화 <맘마미아>의 촬영지는 어디에 붙어 있는지도 모르지만 그 어떤 여행보다 만족스러운 한때였다.

아울러, 나에게 대리만족을 말했던 모국에 있는 내 소중한 지인들도 랜선으로나마 그리스에 다녀갔길 바란다.

기분파 부부가
유럽에 살면 생기는 일

세 식구가 단란하게 살고 있는 체코 속 우리집. 사람은 셋인데 혈액형은 하나다. 나를 비롯해 남편과 아들까지 전원 B형으로 단일화를 이뤘다. 혈액형에 따라 성격이 나뉜다는 '혈액형 성격설'은 정말 속설에 지나지 않는 걸까. 요즘은 MBTI 성격유형검사가 인기지만 점점 '라떼족'이 되어가는 나는. 여전히 혈액형이나 별자리가 더 친근하다.

그래서 말인데, 세간에 떠도는 이야기는 모두 차치하더라도 살면서 직접 느낀 B형 남녀의 대화법은 전하고 싶다. 평소에는 전혀 의식하지 못하다가 '아~ 이래서 다들 우리더러 기분파라고 하는 건가?' 싶을 때가 있다. 우리 부부의 의사결정은 대체로 다음과 같은 과정을 거친다.

남편 : 휴가 아직 더 남았는데 이번엔 어디로 가볼까?

나 : 가긴 또 어딜 가~ 좀 전까지 그리스에서
경비 많이 썼다고 걱정하던 그 사람은 어디 갔어?

남편 : 그건 그런데 시간도 돈이잖아
짧고 굵게 오스트리아 어때?

나 : 음… 오스…트…리아? 오~ 그럼 우리 비엔나 가는 거야? 할슈타트는? 잘츠부르크도??

그런 대화가 오고 간 다음날. 우리는 거짓말처럼 다시 짐을 꾸렸다. 그리스 보따리를 푼 지 이틀 만에 벌어진 일이다. 아무리 황금 같은 휴가라지만 동해 번쩍, 서해 번쩍 기가 찰 노릇이다. 이런 걸 두고 쿵짝이 잘 맞는다고 하는 건가. 다른 건 몰라도 여행할 때만큼은 죽이 참 잘 맞는다. 여행을 싫어하는 사람이야 있을까만은 저마다 그 방식에 따른 온도 차는 있게 마련이다.

플랜B에 플랜C, D까지 고려하는 유형. 이런 부류의 경우 확실한 계획 없이는 한 발자국도 떼지 못한다. 그런가 하면 우리 부부처럼 '못 먹어도 Go'를 신조로, 마음이 동하면 일단 움직이고 보는 기분파 유형도 적지 않다. 사람마다 천차만별이다. 그런 점에서 우리는 끓는점이 비슷하달까. 가벼운 대화를 주고받다가 흥이 오르면 누가 먼저랄 것도 없이 곧장 실행에 옮긴다.

"여보~ 밥솥은? 쌀도 챙겼지?"

비엔나 숙소에서 찍은 미니 밥솥의 자태

여행에 임하는 자세는 다소 즉흥적인 경향이 있지만 그런 것 치고는 준비가 꽤 철저한 편이다. 하다 하다 밥솥까지 챙겨 다니니 말 다했다. 누구보다 밥에 진심인 남편과 이제 막 밥맛에 눈을 뜬 아들을 위한 필수품이다. 그렇다고 집에서 쓰는 10인용 밥솥을 들고 다닐 용기까지는 없다. 이럴 경우를 대비해 한국에서 3인용 미니 밥솥을 새로 장만해 왔는데 아주 요긴하게 쓰고 있다. 그런데 차로 유럽 여행을 다닐 때는 솥단지만큼이나 확실히 챙겨야 할 게 하나 더 있다.

그리스는 항공편으로 움직였지만, 이번에는 사정이 다르다. 고속도로를 타고 자동차 여행을 할 때에는 통행권을 구입해야 한다. 여기서는 고속도로 통행권을 '비넷'이라 부르는데, 나라에서 나라로 국경을 넘을 때마다 해당 국가의 '비넷 vignette'이 필요하다. 정확히 말하면 '통행 스티커' 인데 출발하기 전에 운전석 앞 유리에 붙여두기만 하면 된다. 전자 비넷도 있다고는 하는데 아날로그 시대 끝물에 태어난 80년대생 부부는 종이 한 장이라도 손에 쥐고 있어야 마음이 놓이니까. 실물 비넷을 육안으로 확인하며 오스트리아로 출발!

체코에 있는 '고속도로 통행권 – 비넷 Vignette' 판매소

'국경'이라는 말을 입에 담을 때에는 나도 모르게 힘이 들어간다. 나라와 나라의 영역을 가르는 경계에는 무언가 비장한 기운이 감돌 것만 같았다. 삼엄한 경비와 묘한 긴장감이 흐르는 영화 같은 분위기를 연상했으나, 섣부른 기대였다. 약 세 시간 만에 다다른 오스트리아 국경은 상상과는 전혀 딴판이었다.

남편 : 엇! 방금 우리가 국경을 넘었어
나 : 여기가 국경이라고?
설마. 아무 표시도 없는데?

예상과 다른 모습에 순간 심드렁해졌다. 국경. 그 말이 가진 무게에 비하면 한없이 가벼운 풍경이었다. 인적이 드문 주유소 너머로 '마법의 성'처럼 생긴 건물이 우뚝 솟아 있었고 그 반대편에는 잔잔한 호수에 햇살이 내려앉고 있었다. 차량에 달린 내비게이션이 "여기서부터 오스트리아 대륙"이라고 말해주지 않았다면 모른 채로 그냥 지나칠 뻔했다.

체코와 오스트리아의 경계면에서 만난 이름 모를 호숫

오스트리아 국경에서 만난 호숫가 풍경

가. 그 풍경은 뭐랄까. 멈춰있는 한 폭의 그림 같았다. 놀란 토끼눈을 한 나와는 달리, 국경이 뭐 별거냐는 듯 눈부신 햇살로 한껏 여유를 부리고 있었다. 하지만 우린 늦장을 부릴 처지가 못 되었다. 한가롭기 그지없는 호수의 전경을 뒤로하고 다뉴브강이 흐르는 비엔나를 향해 부지런히 내달려야 했다.

'이게 꿈일까 생시일까'

가는 차 안에서 한참 생각했다. 우리가 지금 달려가고 있는 곳이 정녕! 영화 <비포 선라이즈>의 배경이 된 그곳이란 말인가. 제시와 셀린이 운명적인 만남을 맺었던 그 도시가 바로 우리의 목적지인 '비엔나'다. 그들의 러브스토리 만큼이나 아름다운 빈의 풍경에 매료돼 몇 번을 보고 또 봤던 작품이다. 그러니 내겐 '제시와 셀린의 비엔나'이기도 하다.

사실 기분파로 따지면 그 둘도 만만치 않다. 아무리 거리낄 것 없는 20대 청춘남녀라지만 기차에서 처음 만난 사람과 그렇게 깊은 대화를 나눈다고? 그것도 모자라 신원을 알 수 없는 상대와 무작정 여행을 결심하다니. 기분파도 그런 기분파가 있으랴. 다소 황당한 전개이긴 하지만 다른 곳도 아닌 비엔나라면 수긍이 간다. 낭만이 꽃 피는 예술의 성지라면 충분히 가능한 설정이다. 도시 전체가 하나의 작품이나 다름없는 비엔나라면 가히 있을 법한 일이니까.

아무리 감정이 메마른 사람이라 해도 무장해제 시켜버리는 마법의 도시. 누구라도 사랑에 빠질 수밖에 없는 오스트리아의 수도, 빈이 우리를 기다리고 있었다.

기분파 부부가 비엔나에 가면 생기는 일

나　: 다녀온 사람들이 그러는데 비엔나도 좋지만
할슈타트랑 잘츠부르크가 그렇게 멋지다던데?

남편 : 우리도 가면 되지! 비엔나에서 하루 자고
다음날 일찌감치 할슈타트로 넘어가는 거야

나　: 넘어가서? 그다음 일정은?

남편 : 낮에 할슈타트 구경하고 잘츠부르크로 가서
거기에서 한 이틀 있다가 돌아오는 거지, 어때?

말로는 어디인들 못 갈까. 남편은 유럽 일주라도 떠날 기세였다. 모든 직장인이 그렇듯 회사원인 남편은 휴가를 통해 해방감을 느끼고 싶어 했다. 목소리도 평소보다 두세 옥타브 정도 높아졌다.

할슈타트? 오케이!

잘츠부르크? 오케이 오케이!!

그러나 잊지 말자. 사람들이 왜 신체 나이를 운운하겠는가. 혈기왕성한 30대 초반이라면 모를까. 지금 우리는 중반도 아닌 후반이다. 인정하기 싫지만 '3'이라는 숫자보다 '4'에 더 가까워졌다는 현실을 자각해야 한다. 그리고 어쩌면 머리로 깨닫기도 전에 몸이 먼저 반응하고 있을지 모른다.

그날도 그랬다. 호기롭던 '오케이맨'은 반나절 만에 자취를 감췄다. 그도 그럴 것이, 출발지인 체코 오스트라바에서 첫 번째 목적지인 비엔나까지만 해도 이미 네 시간이다. 중간중간 휴게소에 들러 기름도 넣고, 밥도 먹고, 아이 기저귀도 교환하고, 커피도 한 잔 마시다 보면… 예상보다 한 시간은 족히 지체된다.

아무렴. 계획대로 되지 않는 게 여행이고, 뜻대로 풀리지 않는 게 인생이다. 이번에도 다르지 않았다. 오전 9시 경에 출발했는데 늦은 점심 무렵에야 도착할 수 있었다. 장거리 운전으로 첫날부터 지쳐버린 남편. 그의 목소리가 완전히 힘을 잃은 건 비엔나 시내 한복판에 들어섰을 때였지, 아마.

 핫플레이스 가득한 비엔나 시내

"한식당이 어디지?"

비엔나의 첫인상이나 감흥? 그런 건 둘째 치고 아이 밥이 시급했다. 어떻게든 쌀을 먹이겠다는 일념 하에 낯설고 복잡한 시내를 관통했다. 그러는 사이, 창밖으로 수많은 현지 음식점들이 스쳐 지나갔다. 그중에 아이에게 먹일 수 있는 음식이라고는 빵. 그리고 또 빵…뿐이다. 밥심으로 사는 민족에게 빵은 그저 간식에 지나지 않는다.

빵 굽는 냄새가 아무리 달고 고소해도, 비엔나의 풍경이 아무리 눈물겹게 황홀해도 식후경의 진리를 깰 수는 없는 법. 간식도 구경도. 모든 유혹을 뿌리치고 구글 지도 애플리케이션인 '구글맵'이 알려주는 곳에 차를 세웠다.

남편 : 안녕하세요. 식당 바로 앞인데
주차 때문에 전화 드렸어요

주인 : 검은색 차량이죠? 여기에서 보이네요
거기 표지판 있는 쪽으로 붙여서 대세요

유럽 아니라 어디를 가더라도 모를 땐 물어보는 게 상책이다. 가까스로 주차를 하고 2층에 있는 한식당으로 뛰어

쇤브룬궁전 인근에 있는 'T호텔'의 클래식한 조식

들어갔다. 음~ 맵고 달고 짭짤한 이 냄새~ 입구에서부터 익숙한 향이 진하게 풍겼다. 순간적으로 고향에 온 듯한 기분이 들려 하는데… 자리마다 앉아있는 다른 손님들의 얼굴을 보니 그런 생각이 싹 달아났다.

'이 묘한 기류는 뭘까. 한류가 여기 있었네'

그저 밥 한 끼 해결하러 들어갔을 뿐인데 뜻밖의 장소에서 한류를 목격한 것이다. 조금 과장되게 말하면 '한국 문화를 사랑하는 세계인의 모임' 같았다. 우리 테이블 바로 뒷좌석에는 피부색이 각기 다른 대학생 또래의 일행이 앉았는데 호기롭게 삼겹살에 소주를 주문했다. "와우~ 예압~ 우헤헤~~" 대단한 챌린지라도 하는 양, 잔뜩 상기된 분위기였다. 우리가 늘 먹었던 고등어구이, 제육볶음, 오징어덮밥, 삼겹살구이가 이곳 유럽인들에게는 도전이자 모험이며 재미있는 놀이로 받아들여지는 광경. 이미 수많은 예능 프로그램이 담아낸 장면이지만 그 상황에 직접 들어가서 체감하는 건 감회가 사뭇 남달랐다.

"맞아요, 비엔나에 밥 먹으러 왔어요"

뭐든지 첫 단추가 중요하다 했던가. 우리의 비엔나 여

행기는 밥으로 시작해서 밥으로 끝났다 해도 과언이 아니다. 예술과 낭만의 도시에서 음악기행도 아니고 '맛 기행'이라니. 아무리 생각해도 웃음이 난다. 어린아이를 데리고 관광지에 가겠다는 자체가 무리수였다. 이제 와 후회한들 일은 벌써 벌어졌다. 그래도 좋은 게 좋은 거니까. 이런 해프닝까지도 모두 소중한 추억이 될 테니까. 세 살 아이가 열세 살이 되고 스물세 살이 될 때까지 두고두고 기억해야지. 이런 마음으로 식사 때마다 꾹꾹~ 카메라 셔터를 눌렀다.

쉔브룬궁전 가는 길에 발견한 '퓨전 일식집'

슈테판성당 근처 '등갈비 맛집'

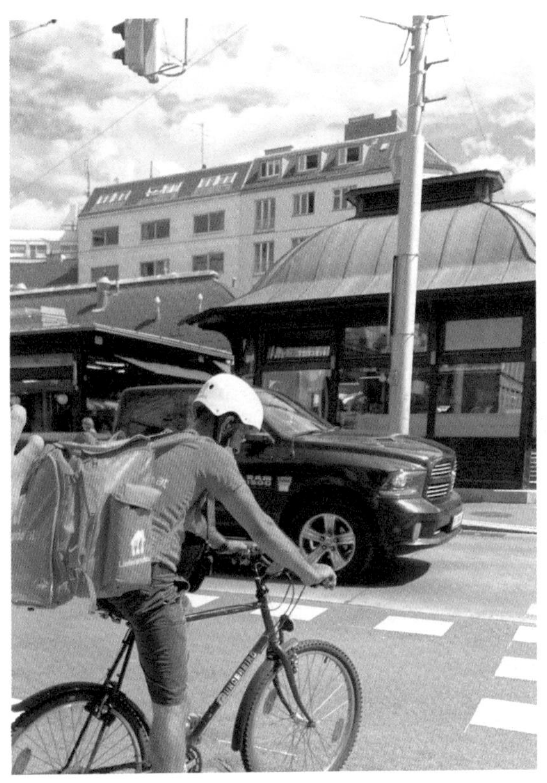

팬데믹(pandemic) 이후 호황을 맞은 유럽의 배달 문화 맛보기

본토에서 마시는 마부의 커피 '아인슈페너'

"할슈타트는? 잘츠부르크는??"

먹다가 끝난 3박 4일. 그럼, 그렇지. 출발할 때까지만 해도 오스트리아 곳곳을 누비리라 다짐했건만. 우리 부부의 원대한 꿈은 첫날 비엔나에 도착했을 때 이미 날개가 꺾였다. 운전대 잡고 하는 유럽 여행은 생전 처음이었기에 현실감이 없어도 너무 없었다. 정신을 차리고 보니 복잡하기 그지없는 비엔나 시내 한복판이었다. 그곳을 빠져나와 호텔로 가는 차 안에서 긴급회의를 열었다. 아쉬워도 할 수 없다. 할슈타트와 잘츠부르크는 다음으로 미루고, 비엔나에 집중하기로 뜻을 모았다.

이런들 어떠하고 저런들 어떠하리. 우리와 같은 기분파 부부의 가장 큰 특징은 '변화'에 대한 거부감이 별로 없다는 데에 있다. 애당초 답을 정해놓고 움직이지 않기 때문에 경로가 바뀌었다 해도 크게 연연하지 않는다.

"우리 꼬맹이 더 크면 가자"
"그래, 그래! 내년 되면 좀 낫겠지"

이런 대화를 주고받으며 줄곧 빈에서만 시간을 보냈다.

만약 혼자 하는 여행이었다면 어땠을까. 매일 오페라 공연을 보고, 영화 <비포 선라이즈>의 제시와 셀린이 사랑을 속삭였던 프라터 공원에서 공중관람차를 타며 환상에 젖었으리라.

하지만 삶은 다 주는 법이 없다. '나 홀로 여행'은 몸은 편하겠지만 마음이 공허할 것이고, 아이를 동반한 '가족 여행'은 육체적으로는 불편하기 이를 데 없지만 정신적으로 보면 외로울 틈이 없다. 마치, 한 편의 시트콤 같았던 우리의 비엔나 여행은 시작부터 끝까지 요란하고 또 요란하게 장식되었다.

그림을 모르지만
클림트는 좋다

오스트리아 공항에는 이런 문구가 적혀있다고 한다.

'클림트의 <키스>를 보지 못했다면 빈을 떠나지 말라'

꽤 인상적인 카피다. 구스타프 클림트의 유명세를 함축적으로 보여주는 문장이다. 하긴. 그림을 모르는 나 같은 사람도 빠져들게 한 걸 보면 거장은 거장이지. '황금의 화가'로 통하는 그는 오스트리아가 낳은 화려한 색채의 대가다. 이토록 현란한 기법을 쓰는 작가가 또 있었나 싶을 만큼 압도적이다. 여러모로 모르려야 모를 수가 없는 존재감이다. 설령 그의 이름은 긴가민가 할지라도 그가 남긴 그림까지 모르기는 힘들다. 특히, 대표작인 <키스>는 우리 생활의 아주 깊숙한 곳까지 들어와 있다.

클림트의 걸작을 처음으로 본 곳은 모 백화점의 그릇

코너였다. 그때 내 나이가 스물여덟이었으니 지금으로부터 약 10년 전의 일이다. 에스컬레이터를 타고 층마다 기웃거리며 갓 결혼한 친구의 집들이 선물을 물색하고 있었다. 뭐가 좋을지 한참을 고심하다가 부부 찻잔 쪽으로 마음이 기울었다. 하나같이 곱고 예뻐서 선택 장애가 생기려던 찰나였다. 머그잔에 그려진 강렬한 황금색 디자인이 내 마음을 단박에 사로잡았다.

아는 만큼 보인다는 말이 맞다. 그날 이후로는 내 생활권 곳곳에 스며들어 있는 클림트를 놓치지 않고 눈에 담았다. 어떤 날에는 새로 문을 연 음식점의 인테리어 소품으로 만나기도 하고, 또 어떤 날에는 서점 입구에 쌓여있는 퍼즐들 속에서 발견하기도 했다. 그때까지만 해도 몰랐다. 십 년 뒤에 내가 유럽에 살면서 클림트의 원작을 감상하게 될 거라고는.

진짜 클림트를 만나러 가는 길

'뭐야~ 무슨 미술관이 이렇게 으리으리해?'

클림트의 그림만 화려한 게 아니었다. 그의 작품을 가

장 많이 전시하고 있는 '궁전 미술관' 또한 멋들어짐의 극치를 보여준다. 벨베데레 궁전은 이제껏 다녀 본 그 어떤 미술관 중에서도 으뜸이다. 비엔나 최고의 관광지답게 비할 데 없이 장엄하고 근사했다.

클림트의 작품 세계가 화려할 수밖에 없었던 배경에는 귀금속 세공사였던 아버지의 영향이 컸다고 한다. 물론 그런 이유도 있겠지만, 그가 나고 자란 곳이 예술이 흐르는 오스트리아라서. 아름답기 그지없는 비엔나라서. 이런 환경적인 요인도 지대한 영감을 주었으리라.

벨베데레 궁전에서 운영하는
클림트 기념품숍

클림트 작품을 가장 많이 보유한 오스트리아 빈의 '벨베데레 궁전'

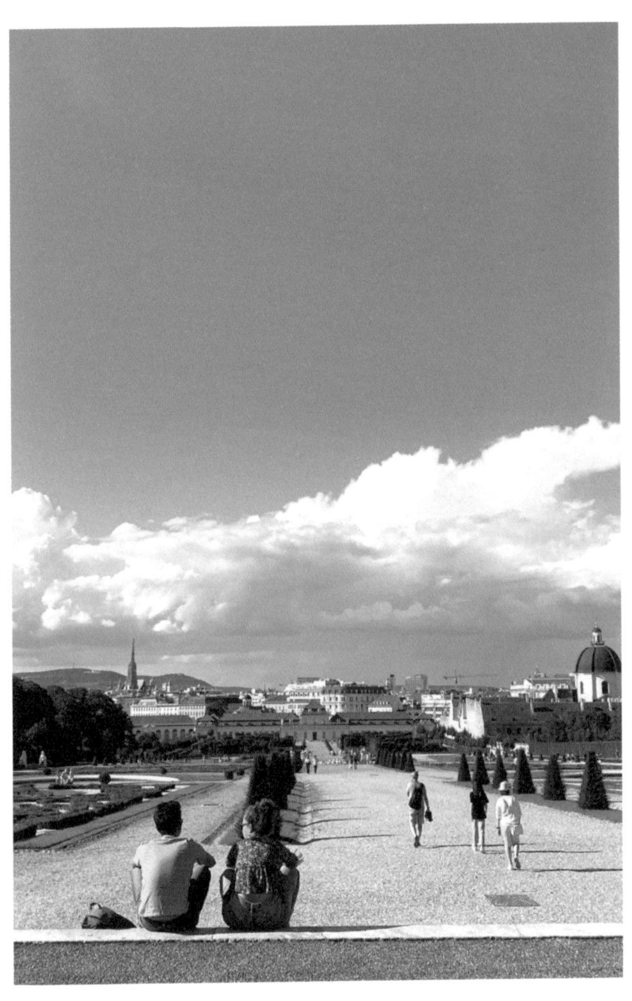

벨베데레 궁전의 야외 정원

궁전이 어찌나 넓은지 전시동의 입구를 찾지 못해 한참을 헤매고 다녔다. 알고 보니 건물 뒤편 가장자리에 비밀스럽게 숨어있었다. 모르긴 몰라도, 벨베데레가 자랑하는 드넓은 정원이 뒤뜰에 있으니 이곳부터 감상하고 들어오라는 숨은 의도가 있는 게 아닐까. 비엔나 시내 방향으로 끝없이 펼쳐져 있는 정원. 그림 같은 경치를 배경으로 인증샷을 남기고, 드디어 클림트를 만나러 가는 길!

한 손으로 열기 힘들 정도로 크고 묵직한 출입문을 통과하면 외관과는 또 다른 풍경이 눈 앞에 펼쳐진다. 휘황찬란한 실내 장식으로 눈 호강을 하며 전시실로 사뿐히 걸음을 떼었다. 오직 클림트만 생각하며 두리번거리고 있었는데… 뜻밖의 수확에 입꼬리가 올라간다. 이 궁전에는 클림트뿐만 아니라 에곤 실레와 빈센트 반 고흐를 비롯한 여러 예술가의 명화가 함께 걸려있다. 그중에서도 에곤 실레는 비엔나 모더니즘을 대표하는 화가이자, 클림트의 유일한 제자로 알려져 있다. 사제 지간의 작품을 한 공간에서 감상할 수 있다는 것도 재미있는 관람 포인트다.

에곤 실레
'에티드 실레의 초상'

빈센트 반 고흐 '오베르의 평원'

하이라이트는 '클림트의 방'

클림트가 남기고 간 작품은 240여 점. 평생 화가로 활동한 것 치고는 많지 않은 숫자다. 정교한 작업 방식 때문에 작품마다 시간이 꽤 걸렸다곤 하지만 그런 점을 감안하더라도 아쉬운 건 어쩔 수가 없다. 더욱이 그는 외부와 인터뷰도 하지 않고 자신의 그림에 대한 별다른 설명도 없었다. 그래서 사람들은 클림트를 '베일에 싸인 화가'라고 한다.

"나에 대해 알고 싶다면 내 그림을 보라"

왜 자화상을 그리지 않냐는 질문에 대한 그의 답변이다. 면전에서 그 말을 들었을 어떤 이의 떨떠름한 표정이 그려진다. 실제로 그런 태도를 목도했다면 꼴불견이라 여겼을지 모른다. 그런데 객관적으로 놓고 보면 이해되는 지점도 있다. 때로는 필요 이상의 말이 본질을 흐트러뜨리기도 하는 법. 화가가 그림으로 말을 하겠다는데 무슨 말이 더 필요한가.

선명한 색채를 띠는 화법 만큼이나 주관이 뚜렷했던 클

림트. 역시 인물은 인물이다. 세계적으로 사랑받는 그림에는 굉장한 의미와 대단한 서사가 따를 줄 알았다. 클림트는 그 모든 기대를 쿨하게 날려버렸다. 어쨌거나 괴짜스러운 면이 있는 건 확실하다. 엉뚱하고 자유분방한 천재 화가. 그를 만나고 돌아오는 길에 몇 가지 깨우친 바가 있다.

어쩌면 우리는, 매사에 너무 많은
의미를 부여하는 건 아닌지.
켜켜이 쌓은 말의 무게가
정작 본질을 무너뜨리진 않았는지.

제도에 얽매이지 않고, 주위 시선에 함몰되지 않으며 한평생 자유로운 영혼으로 살다 간 구스타프 클림트. 그가 남기고 간 세기의 걸작들 덕분에 나도 잠시나마 마음의 빗장을 풀어헤칠 수 있었다.

구스타프 클림트의 명작 '키스' 앞에서

오후 4시부터
해가 지는 건 너무해

체코에도 사계가 있다는 건 반가운 일이다
때가 되면 꽃이 피고
때가 되면 낙엽이 진다

계절의 변화를 지켜보는 일
그것만큼 흥미로운 구경거리가 어디 있을까

더욱이, 낯선 나라에서 그 광경을
마주하는 기분이란 묘하게 색다른 경험이다

가을은 가을이로되
내가 알던 그 가을이 아니요

겨울은 겨울이로되

전에 보던 그 겨울이 아니다

시월의 초입부터 찬 기운이 휘몰아치는 통에 '아, 이 나라의 가을은 스치듯 안녕이구나' 했다. 그래도 명색이 황금의 계절인데 시시하게 저물긴 싫었나 보다. 쉴 새 없이 내리는 낙엽 비가 온 도시를 노랗게 노랗게 적시고 있다. 단풍도, 낙엽도, 어딘지 모르게 쓸쓸한 이 감정도… 어느 것 하나 처음이 아니거늘 뭘 그리 수선을 떠나 싶겠지만 '2021년의 가을'은 오직 지금뿐이기에 한껏 요란을 피워본다.

계절은 매번 찾아오지만 내년도 올해 같으리란 보장은 없다. 당연하다 여겼던 숨쉬기의 자유를 미세먼지와 팬데믹이 앗아간 것처럼 말이다. 그러니 작금(昨今)의 이 풍경도 '오늘'이 아니면 영영 안녕일지 모른다. 그런 마음이 들자 괜히 조급해졌다. 저물어 가는 이 시절을 배웅하러 요 며칠 부지런히 산책을 다녔다. 그러다 우연히 귀한 순간을 눈에 담았다.

유난히 부신 햇살 탓이었을까. 하릴없이 떨어지는 낙엽 비. 그리고 어느 풍경화의 주인공처럼 그 길을 거니는 어느 노부부의 뒷모습. 그 찰나에 마음을 빼앗기고 말았다. 그러고 보면 새로이 피어나는 것들만 찬란한 게 아니다. 지는 노을과 지는 단풍에는 그 이상의 감동이 있고, 저무는 사랑과 저무는 인생에도 절절한 아름다움이 있다.

체코의 춘하추동
지금은 '동의 서막'

입동도 지났으니 이제부터 진짜 '동의 서막'이 열렸다. 그런데 한편으로는 이 나라에서 그런 절기가 무슨 의미일까 싶다. 이곳에 온 지도 벌써 수개월이 흘렀지만, 여전히 나는 날씨 부적응자로 살고 있다. 체코의 날씨는 어떻게 해도 적응이 안 된다. 좋게 말하면 재미있고 기분 대로 말하자면 말도 못 하게 별나다. 이제껏 경험한 모든 날씨를 통틀어 가장 변덕스러운 데다, 까칠하기가 이를 데 없다.

한날은 "오늘 날씨 예술이네"하는 소리가 절로 나올 만큼 쾌청한 아침이었다. 분명히 그랬다. 햇살 좋은 날에 집에만 있는 건 어쩐지 손해 보는 기분이다. 부랴부랴 짐을 챙겨 집을 나설 채비를 하는데… 어럽쇼? 그토록 쨍하던 하늘이 속임수를 부리다니. 좀 전의 그 하늘은 온데간데없이 사라져 버렸다. 설상가상으로 어느샌가 몰려온 먹구름이 거짓말처럼 비를 뿌려댄다.

'에잇. 할 수 없지. 오늘은 날이 아닌가 보다'하고 쌌던 짐과 품었던 마음을 다시 내려놓는다. 그러면 또 언제 비가 내렸냐는 듯이 허무하게 그치고 마는 게 체코의 하늘이다.

처음에는 기가 찼다가 나중에는 어처구니가 없어서 헛웃음을 짓고 만다. 믿을 수 없이 기이한 기후다. 하루 안에 사계가 다 들어있달까. 11월에 들어섰지만 대낮에는 여전히 여름날 햇살처럼 뜨겁다. 그러다가도 아침저녁에는 호호~ 입김이 나올 정도로 기온이 뚝뚝 떨어진다. 변화무쌍한 날씨에 맞추다 보니, 낮에는 반소매를 입고 밤에는 긴소매로 갈아입는 게 생활이 되었다.

그래도 다른 건 다 참겠는데, 오후 4시부터 해가 지는 건 정말 너무하다. 집안일 하며 부산하게 움직이다가 창밖이 어둑해지는 걸 보고 흠칫 놀라서 시계를 본다.

'뭐야! 아직 4시밖에 안 됐잖아'

만약 성탄절이 없었더라면 체코인들은 기나긴 이 겨울을 어떻게 버텼을지 의문이다. 이날만을 기다렸다는 듯이 모두가 한마음으로 축제 준비에 여념이 없다. 거리에는 벌써 크리스마스 장식이 등장했고, 때 이른 트리가 곳곳에 세워져 있다.

시중에 파는 음식들도 달라졌다. 가는 곳마다 산타 할아버지 그림이 있는 신상 초콜릿이 아이들을 유혹하고, 어른들 홈파티에 걸맞은 와인 안주들이 마트 진열대를 차지하고 있다.

지금껏 다른 나라에서 크리스마스를 보낸 적이 없는 나에게는 상당히 신선한 풍경이다. 세상에. 이렇게나 12월에 진심이라니. 온 도시에 눈송이 같은 설렘이 묻어난다. 앞으로 한 달 뒤에는 어떤 분위기가 연출될까. 이방인의 시선으로 이 나라의 겨울 풍습을 지켜보는 것도 나름대로 흥미로운 일이 될 것 같다.

그렇다 해도 오후 4시부터 해가 지는 건 여전히 참 별로지만, 칠흑 같은 어둠 속에서 영롱하게 반짝일 트리를 생각하며 밤이 긴 체코에서 아득한 겨울 여행을 떠나볼까 한다.

첫 겨울, 이잖아요

밤의 계절이 오고 있다. 이 가을, 때 이른 칼바람에 간담이 서늘하다. 불같던 여름이 꽁무니를 내뺀 지 얼마나 됐다고 아침저녁으로 겨울 냄새가 스산하게 피어오른다. '유럽의 가을은 얼마나 황홀할까?' 이런 기대로 맞이한 10월인데, 시월은 모든 날이 멋지고 눈부실 줄 알았는데… 설익은 가을 위로 성미 급한 겨울이 노크도 없이 새치기를 해댄다.

이런 날을 가을이라 해야 할지. 겨울이라 해야 할지. 참으로 아리송한 계절 앞에 서 있는 오늘, 내 속에는 두렵기도 하고 반갑기도 한 마음이 눈덩이처럼 한데 뭉쳐 있다.

첫 겨울이다.

체코에서 맞는 '첫 겨울'이 오고 있다.

그날은 남편의 월급날이었다. 기분도 낼 겸, 집 근처 한 식당에서 숯불을 피웠다. 불판에 돼지갈비를 지글지글하게 구워 먹으며 맥주도 한 잔 곁들였다. "크으~ 이거지" 몸에는 어떨지 몰라도 '스트레스 소화제'로는 이만한 게 없다. 아이가 있으니 술도 고기도 딱 기분 좋을 만큼만 먹고 자리에서 일어났다. 풀어헤쳤던 기저귀 가방을 주섬주섬 챙겨서 가게를 빠져나가려는 찰나에 이모뻘 되는 한국인 사장님이 다정한 말로 배웅을 해 주신다.

"많이 드셨어요? 아이 챙기느라
제대로 먹지도 못하는 것 같던데"

"아니에요. 모처럼 마음 편히 먹었습니다"

"그래요. 감기 조심하세요.
여기서는 첫 겨울이잖아요"

고깃집 사장님이 건넨 "첫 겨울이잖아요" 이 한마디에는 많은 뜻이 담겨있다. 이미 수차례에 걸쳐 체코의 겨울을 맛본 대선배의 걱정이 깃들어 있었다. 이제 갓 어린아이와

2020년 겨울, 남편의 출근길 풍경

함께 해외 생활을 시작한 신참 부부의 겨울이 못내 안쓰러운 목소리였다. 그런 마음이 느껴지자 문득 궁금해졌다. 체코의 겨울은 어떤 모습일까. 지난겨울, 나보다 먼저 이 나라의 한파를 겪은 남편의 말로는 앞이 보이지 않을 정도로 눈발이 쏟아지는 날도 있었단다. 회색빛 도로가 하이얀 눈밭이 되는 광경이라니. 혹시 어쩌면… 오래전 그곳에서 만났던 그 겨울과 비슷하려나.

2014년 겨울, 캐나다 밴쿠버의 추억

그해 겨울도 그렇게 추웠다

그때가 2014년 2월이었으니까 햇수로 벌써 7년이 넘었다. 처음이자 마지막으로 본 캐나다의 겨울이었다. 밴쿠버라는 도시에 첫발을 내딛던 날. 그날의 감촉이 아직도 생생하다. 그 시절 나의 행동을 어떤 말로 설명해야 가장 적당할까. 당시에 나는 부산에서 방송작가로 일하며 차곡차곡 경력을 쌓았고 꼬박꼬박 적금도 부었다. 그러던 어느 날, 모든 게 부질없이 느껴졌다. 만사에 싫증이 났다. 글도 싫고 사람도 싫었다. 방송국에서 책상을 뺐고 은행에서 적금도 뺐다.

형식적인 명분은 어학연수였으나 진짜 이유는 따로 있었다. 상황 따라 떠밀려 온 내 인생에 한 번쯤은 편집이 필요했다. 어려서부터 나에겐 안 되는 것들이 많았다. 형편이 어려워서 그 흔한 학원도 제대로 다녀본 적이 없다. 사고 싶은 책이 있어도 두어 권 집어 들었다가 이내 내려놓곤 했다. 브랜드 옷 같은 건 어차피 내 몫이 아니라 여겼기에 애초에 마음에서 지우며 살았다. 처음부터 물욕이 없었던 건지 아니면 일부러 그런 욕심을 도려냈던 건지. 이젠 그 시작조차 희미해져 버렸다. 물질에 대한 허기야 살면서 하나씩 채운다

2014년 겨울, 밴쿠버 공공도서관에서

하더라도 배움에 대한 갈증은 어떻게 해도 해소되질 않았다. 꼭 영어가 필요해서는 아니었다. '공부'라는 이름을 빌려 더 늦기 전에 나에게 '기회'를 주고 싶었다.

서른. 내 인생에 일시정지 버튼을 누를 수 있는 절호의 찬스였다. 누구의 간섭도 없는 곳에서 맨얼굴의 나와 마주하고 싶었다. 그러려면 최대한 멀리 떠나 있어야 했다. 그렇게 철저히 혼자가 되었던 그해 밴쿠버에서의 겨울은 몹시 춥고 외로웠지만 마음은 어느 때보다 홀가분했다. 그 시절에 나는 어설픈 영어를 내뱉으며 밑바닥까지 떨어졌던 자존감을 끌어 올렸다. 그 힘으로 다시 일어섰고 그때 만든 에너지를 30대의 연료로 쓰고 있다.

그랬던 '나'이기에. 올겨울, 체코에서 보내게 될 혹한기가 얼마나 가혹할지 몰라도 마냥 두렵지만은 않다. 어떤 환경에 내몰려도 어떻게든 박차고 일어섰던 나니까. 재미없는 온실에 사느니 길가의 잡초가 되길 자처했던 나니까. 무엇보다 서른 그해에 내 곁에는 아무도 없었지만, 앞으로 다가올 이 겨울에 나는 더 이상 혼자가 아니다.

내 아이가 내 그늘을 읽지 못하게

"너는 얼굴에 그늘이 있어"

가까운 사람들에게 이런 말을 들어본 적이 있다.
얼굴에 그늘이 서려 있다는 말.
어지간히 격이 없지 않고서는 꺼낼 수 없는 언사다.
그런 얘기를 들을 때면 속으로 조용히 반기를 들곤 했다.
'이렇게 아픈 세상에서 어떻게
그늘 한 점 없이 맑을 수 있지?'
때때로 그늘을 드리우며 사는 나로서는
납득이 잘 가지 않았다.
보기 드물게 그런 예가 있다 한들,

내 눈에는 그저 티 없이 맑기만 한 얼굴이
더없이 낯설게 보였으니까.

매사에 생각이 많고 의미 부여가 많은 나. 그래서 얼굴에 수심이 깊은 나. 이런 내가 엄마가 되었다. 아이를 낳고 눈에 띄게 달라진 점은 단연코 웃음이다. 찡그리는 날보다 웃는 날이 현저하게 늘었다. 이제껏 내 손으로 키운 것 중에 이렇게 어여쁜 생명체가 있었나 싶을 만큼, 한없이 애틋하고 사랑스럽다. 마르지 않는 샘처럼 매일 내 안에서 아이를 향한 애정이 화수분처럼 솟아오르는 게 느껴진다. 화분에 핀 꽃도, 강아지도, 고양이도 이렇지는 않았다. 아무리 예뻐해도 그냥 눈으로 보는 것만 좋아했지, 내 손으로 직접 키울 생각은 못해봤다. 그랬던 내가, 나 아닌 다른 생명을 키운다. 그것도 아주 정성껏. 온 마음을 다해.

나 : 오구구~ 우리 이쁜 똥깡아지~ 엄마 강아지~
아이 : 아냐! 아빠 강아지~이!
나 : 크크. 아빠 강아지야? 맞아요, 엄마 아빠 강아지~

낳은 그 순간부터 늘 궁금했다. 내 품에 안겨 곤히 잠든

이 작은 생명이 말을 하는 날이 온다면 그 모습은 과연 어떨까 하고. 드디어 그 궁금증이 해소되던 날. 그날의 감격을 어찌 형언할 수 있을까. 그 작은 입을 오물조물 움직여 어렵사리 빚어낸 말투와 음성은 눈물이 날 정도로 소중했다. 그래서였을까. 그제야 또렷이 보였다. '아… 티끌 없이 맑은 얼굴이란 이런 얼굴이구나. 그늘 한 점 없이 화창한 얼굴이란 이런 낯빛이구나.'

"엄마마, 괜찮…아? 호~~"

좁은 집에서 종일 부산하게 움직이느라 나도 모르는 사이 다리에 멍 자국이 생겼나 보다. 식탁 모서리에서 그랬는지 침대 끄트머리에서 그랬는지. 언제 뭐 하다 부딪혔는지 도통 알 길이 없다. 나조차도 모르고 있던 내 상처를 먼저 발견한 건 아이였다. 걱정 가득한 눈망울로 올려다보며 "엄마~ 괜찮아? 내가 호~ 해주께"하면서 나를 위해주는 아들. 이제 해가 바뀌었으니 올해로 갓 네 살이 되었지만 개월 수로는 아직 세 돌도 안됐기 때문에 내 눈에는 그저 작고 여린 아기인데. 이 아이가 벌써 나를 걱정한다.

알버트 아인슈타인이 말했다. 인생을 살아가는 데는 오

직 두 가지 방법밖에 없는데 하나는 아무것도 기적이 아닌 것처럼 사는 것이고, 다른 하나는 모든 것이 기적인 것처럼 사는 거라고. 아이를 낳기 전에 나는 전자에 가까운 사람이었다. 그러나 지금은 후자에 더 기울어있다. 아인슈타인이 말한 것처럼 오늘날의 나는 모든 것이 기적인 것처럼 살고 있다. 이 기적 같은 생명체는 온종일 내 옆에 딱 붙어서 혼을 쏙 빼놓는다. 정신만 빼놓는 게 아니라 내 얼굴에 드리워진 그늘까지 걷어간다.

이런 게 기적이 아니면 무엇일까. 어쩌면 나는… 아이를 통해 나를 보고 있는지도 모른다. 아이의 해맑은 미소를 보며 내 어린 날을 짐작하고, 그 하얗고 보드라운 볼을 매만지며 내 안에 웅크리고 있는 어린 자아를 어루어 만진다.

아가야, 엄마는 있잖아
이제야 조금 알 것 같구나

너를 위하고 사랑할수록
나를 아끼고 보듬게 된다는 걸 말이야

오스트리아 제2의 도시,
그라츠

'그라츠? 그라츠…라…'

아무리 되뇌어 봐도 낯이 설다. 하도 생경해서 어느 조용한 소도시 이름이겠거니 했다. 그런데 웬걸. 오스트리아에서 두 번째로 손꼽히는 대도시라고? 수도인 빈 못지않은 교육과 산업의 메카라고? 미안하지만 전혀 몰랐다. 이 나라에 '그라츠'라는 지역이 있다는 것도 금시초문인데 그라츠가 오스트리아 제2의 도시라는 사실을 알았을 리 만무하다. 그럼에도 우리 가족은 이곳을 찾을 수밖에 없었다. 지난 겨울 휴가의 최종 반환점이었던 이탈리아 베네치아. 그곳으로 가기 위한 8박 9일 여정의 첫 번째 거점이 그라츠였다. 이를테면 베이스캠프인 셈이다.

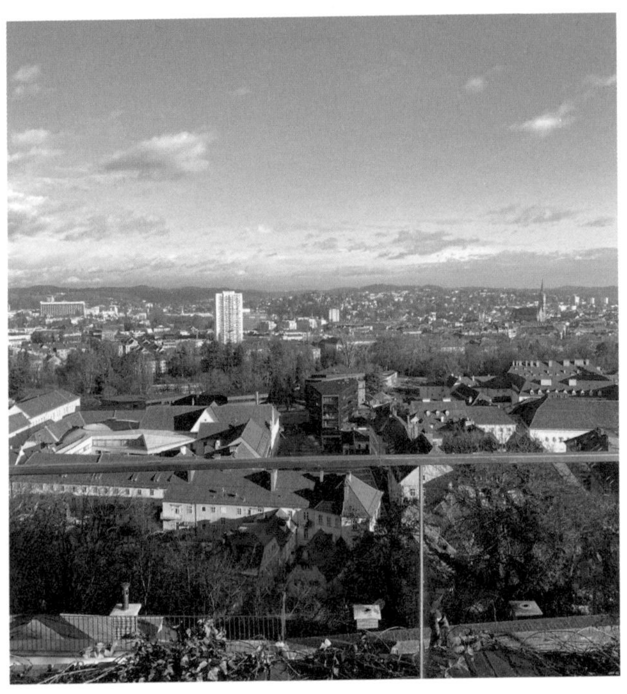

슐로스베르크 언덕에서 담은 그라츠의 전경

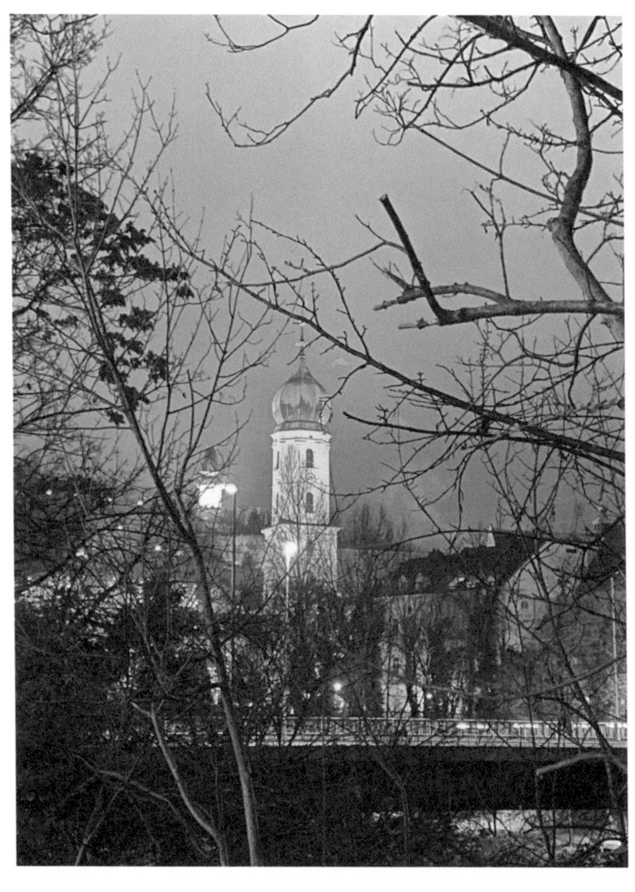

구시가지에 있는 그라츠 대성당의 야경

대체로 그랬다. 별 기대 없이 가벼운 마음으로 찾아간 곳에서 의외의 감동을 받는 일. 이런 경험은 특히 여행길에서 자주 발생한다. 이번 여행에서는 그라츠가 그랬다. 도시 전체가 하나의 예술품이나 다름없는 비엔나의 우아함과 빨간 지붕의 성지, 프라하의 고풍스러움을 적절히 배합해놓은 듯한 느낌이랄까. 그러면서도 크게 붐비거나 소란스럽지 않아서 좋았다.

이렇게 괜찮은 곳인 줄도 모르고 "그라츠는 딱히 볼 게 없을 것 같으니 하루 머물다 가는 걸로 만족하자"라는 뉘앙스의 대화를 주고받았던 우리 부부. 그때까지만 해도 정말 아무런 감흥이 없었다. 세 돌도 안 된 아이를 태우고 매일 대여섯 시간을 달려야 하는 강행군. 더욱이 계절은 겨울이 아니던가.

'여행'이라 쓰고 '모험'이라 읽는 험난한 여정의 첫 관문을 넘기 위해 그라츠는 그저 스쳐 지나가는 정거장 정도로만 치부했다. 더도 덜도 아니고 딱 거기까지였다. 무미건조하기 짝이 없던 내 마음을 뒤흔든 건 야심한 밤 숙소 앞에서 만난 금빛 야경. 구시가지에 있는 그라츠 대성당의 아름다운 불빛이 캄캄한 도시를 달처럼 비추고 있었다.

그라츠 광장의 군밤 장수 할아버지

계절마다 후각을 자극하는 향기가 있다. 코끝 시린 겨울에는 차가운 공기마저 녹여버리는 단내가 그리워진다. 연통에 굽는 군고구마와 군밤. 그 익숙한 냄새가 지금 이 거리에 진동을 한다. 에이 설마. 그리움이 불러낸 착각이겠지.

"저기 봐! 진짜 군밤이야"

그라츠 광장에서 군밤을 만나다니. 세상에! 유럽인들도 이런 걸 먹는구나. 보고도 믿을 수 없는 진풍경에 어린아이처럼 목소리가 커졌다. 그 순간만큼은 한국으로 돌아간 기분이었다. 다른 게 있다면, 군밤 장수 할아버지의 비주얼이 조금 과장해서 할리우드 배우 같다는 것. 군밤들 역시 전시용 모조품처럼 과하게 가지런하다는 것. 이런 디테일에서 오는 괴리감이 있긴 했지만 그마저도 흥미로웠다.

그라츠의 모든 길은
슐로스베르크로 통한다

갓 구운 밤 한 봉지. 이게 뭐라고 갑자기 전투력이 차오른다. 그라츠 광장에서 보이는 여러 갈래의 골목길 중 가장

인적이 많은 길을 따라 걸음을 재촉한다. 보기보다 가파른 오르막길이라 흠칫했지만 생각만큼 힘들지는 않았다. 골목길 양쪽으로 빼곡히 들어선 아기자기한 매장들이 지루할 틈을 주지 않는다.

색감이 예쁜 부티크숍부터 액세서리 판매점과 기념품 가게들이 즐비하다. 특히 인상적이었던 건 얼핏 보기에도 끌리는 맛집이 많았다. 알고 보니 오스트리아 내에서 그라츠는 '미식의 도시'로 통한다고 한다. 풍부한 식재료와 여유로운 라이프 스타일을 바탕으로 미식의 도시로 자리 잡은 그라츠. 이 또한 의외의 발견이다.

수많은 유혹을 물리치고 향해간 곳은 슐로스베르크(schlossberg) 언덕. 이곳에 오르면 그라츠의 시내가 한눈에 들어온다. 그라츠 성의 일부가 남아있고 상징물인 시계탑도 늠름한 자태를 뽐낸다. 끝없는 계단을 지나 가까스로 언덕 입구에 이르렀을 때, 어디선가 경쾌한 음악 소리가 들려왔다. 사람들이 모이는 곳이면 어디든. 그곳이 곧 공연장이 되는 낭만의 도시, 그라츠.

뜻밖에도 나는 이곳에서 부산의 향수를 느꼈다. 스무 살. 대학 시절부터 나의 모든 청년기를 보냈던 내 마음의 고향인 그곳. 내내 그립고 내내 애틋한 나의 부산. 중세 유럽의 도시에서 부산 생각이 났다면 억지처럼 들릴까. 하지만 그 이상의 비유는 떠오르지 않는다. 없는 것 없이 다 갖췄지만 어딘가 모르게 2% 부족한 듯하고 그래서 더 사람 냄새가 느껴지는 제2의 도시들. 그라츠와 부산. 난 이런 곳들이 참 좋더라.

슐로스베르크 언덕의 시계탑

슐로스베르크 언덕으로 통하는 골목길 풍경

1€
9,90.-
Sterne Sale
2.-
4.-

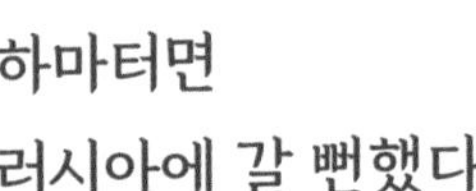

하마터면 러시아에 갈 뻔했다

영화를 봤다. 얼마 만에 본 건지 계산조차 되지 않는다. 남편이 고른 철 지난 한국 영화는 러닝 타임(running time)이 120분인 류승완 감독의 <모가디슈>라는 작품이었다. 개봉한 시점을 보니, 2021년 7월이다. 내가 아이를 안고 한국을 떠나온 게 그해 4월이니까 어떻게 끼워 맞춰도 스크린으로 만나긴 무리였겠다.

"이 영화, 평점이 꽤 높은데?"
"그래? 장르가 뭔데?"

질문은 남편에게 던져놓고 손은 검색창에 얹는다. 전화

기 화면에 포털사이트를 띄워 '모가디슈'를 쳐본다. "응? 이게 다 뭐야?" 전쟁, 액션, 스릴러, 드라마, 시대극이 장르라니. 이쯤 되면 '모가디슈'가 장르 아닌가? 얼마나 복잡다단한 줄거리이기에 수식이 이렇게나 많을까. 갑자기 기대감이 수직 상승했다.

영화는 기대 이상이었다. 120분이 쏜살같이 지나갔다. 아이가 잠든 틈에 숨죽이며 보았기 때문일까. 아니면 '영화'라는 장르 자체를 너무 오랜만에 접해서였을까. 엔딩 크레딧이 모두 올라간 뒤에도 한참을 멍하게 앉아 있었다. 다른 생각을 할 수가 없었다.

타국, 전쟁, 고립, 생존… 보는 내내 생생한 공포감이 내 몸을 휘감았기 때문이다. 영화 속 주인공들처럼 국가의 명을 받고 나랏일을 하러 나온 건 아니지만. 사정이 어떻든 간에 우리 가족도 남의 나라에 와 있다. 잠깐이라도 이방인이 되어 본 사람이라면 말하지 않아도 공감하리라. 겉으로는 아무 일 없는 듯이 다 괜찮은 듯이 살고 있지만, 마음속 저 밑바닥에는 이유 없는 두려움이 항상 깔려있다.

이 막연한 두려움이 괜한 것이 아니라는 걸 증명이라도 하듯 '모가디슈'의 한 장면을 연상케 하는 대대적인 사건이 터졌다. 우리가 영화를 본 게 작년 12월이었으니까 그로부터 두 달 후. 2022년 2월 24일. 러시아가 우크라이나를 침공하는 초유의 사태가 벌어졌다.

우리 세 식구의 거처가 있는 체코의 오스트라바 지역은 폴란드 국경에 인접해 있다. 차로 30분만 달리면 폴란드 땅을 밟을 수 있다. 그렇게 계속 달려서 폴란드를 통과하면 유럽 동부와 러시아 연방 접경에 있는 나라, 우크라이나에 닿을 수도 있다. 그러니 유럽살이 중인 우리 가족에게 우크라이나는 심리적으로 가깝게 느껴질 수밖에 없는 이웃 나라다.

더군다나 러시아 같은 경우, 하마터면 우리의 보금자리가 될 뻔한 곳이기에 여러 가지로 심경이 복잡하다. 결론적으로 우리 가족이 둥지를 튼 곳은 체코이지만 남편이 정식 발령을 받기 이전에 가장 유력한 후보지가 바로 러시아였다. 해외에 있는 여러 법인들 중에서 가장 먼저 말이 나온 곳이기에 당연히 러시아 본부인 상트페테르부르크(Saint Petersburg)로 가게 될 줄 알았다. 그런데 어떻게 된 일인지 정작 발령은 예상에 없던 체코로 떨어진 것이다.

'만약 예정대로 러시아에 나갔다면 어땠을까'
'그럼 지금쯤 우리는 어떤 모습으로 살고 있을까'

전쟁에 대한 공포는 이루 말할 것도 없고 경제적인 부분도 큰 타격을 입었으리라. 전쟁 이후, 러시아 화폐인 루블화의 가치는 하루가 멀다 하고 곤두박질치고 있다. 어디 그뿐인가. 가뜩이나 코로나19 여파로 경직돼 있는 시국에 전쟁의 공포까지 감당해야 한다면… 그 고통은 감히 상상할 수도 없다.

흔히 인생을 '각본 없는 드라마'라고 하는데 요즘 같아서는 그 흔한 말이 새삼 무섭게 와닿는다. 눈에 보이지 않는 바이러스와의 전쟁. 21세기에는 없으리라 믿었던 침공. 현실은 언제나 영화적 상상력을 능가하고 세상은 갈수록 험난해지고 있다.

그럼에도 살아야 하고, 그럼에도 희망을 저버릴 수 없는 건… 다음 세대를 물려줘야 할 아이들이 있으니까. 허공을 떠도는 메아리가 될지라도 괜찮다고. 다 괜찮아질 거라고 외치고 싶다.

일시불로 받은
크리스마스 선물

'그까짓 크리스마스가 무슨 대수라고
산타가 오든 말든 그딴 거 관심 없어'

12월이 싫었다. 크리스마스라고 요란을 떠는 세상이 정말이지 꼴도 보기 싫었다. 이런 내 기분 따위 안중에도 없는 동네 교회의 화려한 트리는 말할 것도 없고, 가는 곳마다 울려 퍼지는 캐럴은 마치 슬픔의 찬가처럼 들렸다. 아름다운 노래일수록 더 그랬다. 내가 얼마나 불행한 아이인지를 확인시켜, 내 가난한 성탄절을 더욱더 쓸쓸하게 만들 뿐이었다.

그런 날에는 의식적으로 친구들을 피했다. 크리스마스

선물로 공주 옷을 받았다며 기뻐 날뛰는 동심 앞에서 나는… 어떤 표정을 지어야 할지 난감했기 때문이다. 그래서 원망스러웠다. 착한 아이에게만 온다고 해서 엄마 심부름 한 번을 마다한 적이 없고, 우는 아이에게는 오지 않는다고 해서 눈물이 나도 꾹꾹 참았는데. 그렇게 중학생이 되고 그렇게 고등학생이 될 때까지, 산타는… 끝내 한 번을 다녀가지 않았다.

폴란드 브로츠와프에서 열린 크리스마스 마켓

'위화감'이라는 말을 풀어서 쓰면 '조화되지 아니하고 어설픈 느낌'이 된다. 그러고 보니 어린 날에 나는 수시로 그런 기분에 휘둘렸던 것 같다. 그때는 어려서 그게 어떤 감정인지 정확히 인식하지 못했지만 돌이켜보니 그 감정의 이름은 명백한 위화감이었다. 웃고 떠드는 친구들 틈에서 나만 겉도는 느낌. 애써 미소를 지어봐도 어딘가 어설픈 느낌. 그런 마음에 휩싸일 때마다 아무도 몰래 일기를 썼다.

'우리집에는 왜 예쁜 트리가 없을까'

'어째서 산타 할아버지는 매번 내 선물만 빼먹는 걸까'

감정의 체기를 느낄 때마다 연필을 더 세게 쥐었다. 하얀 종이가 새까맣게 채워질 때까지 속에 있는 것들을 토해냈다. 그렇게 속으로 삭이는 법을 먼저 배웠다. 왜 그랬을까. 차라리 엉엉 울면서 엄마한테 떼라도 써볼걸. 올해도 산타가 오지 않으면, 산타 할아버지 대신 싸구려 인형이라도 사 내라고 고래고래 소리치면서 울어보기라고 할 걸. 하지만 나는 안다. 다시 그 시절로 돌아간다 해도 그때처럼 입을 꾹 다물고 있을 거라는 걸. 또다시 애늙은이 소리를 들으며 엄마의 슬픈 눈동자를 가슴에 그러안고 있을 거라는 걸 말이다.

내 슬픔을 중화시킨 12월의 결혼식

무슨 조화인지 모르겠다. 내 유년기를 그토록 가엾게 했던 12월인데. 그래서 연말만 되면 늘 울상이 되곤 했었는데. 일생일대의 기념일이 될 결혼식을 하고많은 달을 다 놔두고 열두 달 중 마지막 달에 치르게 될 줄이야. 이건 필시 운명의 장난이다.

2017년 12월 3일. 두터운 외투가 짐처럼 느껴질 정도로 날이 좋았다. 겨울 날씨라기엔 햇살이 참 포근했다. 그래서였을까. 기대보다 많은 하객들이 한달음에 달려와 주었다. 그날은 마치 수백 명의 산타를 만난 기분이었다. 정말이지 그런 경험은 처음이었다. 줄곧 행복한 친구들의 들러리만 서다가 난생처음 주인공이 된 느낌. 어설픈 표정으로 겉도는 게 아니라 단전에서부터 끓어 오르는 꽉 찬 기쁨. 그건 틀림없는 산타클로스의 선물이었다.

내 인생에 산타 같은 건 없다고. 크리스마스 선물 따위 평생 못 받아도 그만이라고. 시종일관 비관적인 태도로 콧방귀를 뀌며 애써 무시해왔는데, 영원히 지워질 것 같지 않던 해묵은 감정이 서서히 옅어지고 있다. 4년 전 그날. 나는 분명히 산타를 만났다. 그날은 나의 결혼식이 있는 날이기도 했지만, 다른 의미로는 몇십 년 치의 성탄 선물을 일시불로 손에 넣은 날이기도 했다.

지나고 보니, 산타클로스는 오지 않는 게 아니라 단지 조금 늦을 뿐이었다. 그리고 올해도 어김없이 12월이 찾아왔다. 우리 부부의 네 번째 결혼기념일이 지나갔고, 체코에서 맞이하는 첫 크리스마스가 다가오고 있다.

브로츠와프에서 보낸 미리 크리스마스

사람마다 가지고 태어난 운이 다르다. 그런 관점에서 볼 때 나란 사람은, 재물복은 부족할지 몰라도 인복은 꽤 있는 편이다. 타고난 인덕은 체코에서도 이어졌다. '어떻게 이 험한 세상에서 이렇게 좋은 분들을 만났을까'하는 생각이 들 정도로 마음이 따뜻한 분들을 이웃으로 알게 됐다.

'좋은 사람은 나를 좋은 곳으로 이끈다'

내 마음 한 귀퉁이에 내려앉은 이 명제는, 이번에도 적중했다. 낯선 나라에 와서 처음으로 알게 된 마음씨 좋은 이웃 덕분에 '브로츠와프'라는 곳에 가게 되었다. 폴란드 서남

놀라운 마네킹 연기를 선보였던 행위예술가

도시 곳곳에 숨어있는 난쟁이 동상

부에 있는 64만 인구의 대도시인 브로츠와프. '크리스마스의 도시'라고 해도 과언이 아닐 만큼 눈이 부셨다. 온 도시가 진심을 다해 12월의 낭만을 향유하고 있었다.

유럽의 밤은 대체로 캄캄하고 고요하다. 요즘 같은 겨울에는 더더욱 그렇다. 한동안 적막한 체코의 밤에 길들여져 있었는데 '세상에나! 이게 다 뭐람' 오랜만에 대낮처럼 번쩍이는 한밤의 세상을 만나니 고삐 풀린 망아지처럼 흥이 올랐다. 동화 속에나 있는 줄 알았던 크리스마스 왕국을 마흔 언저리에 만나다니. 이 나이쯤 되면 크리스마스 같은 건 안중에도 없을 줄 알았건만. 세 살 아들보다 내가 더 들떴던 건 확실하다.

볼거리가 너무 많아서 눈을 어디에 둬야 할지 모를 지경이었다. 마네킹이라 해도 믿을 것 같은 아리따운 행위 예술가부터 근사한 연주 실력을 뽐내는 음악가들, 위험천만한 불 쇼를 선보이는 공연단과 곳곳에 흩어져 있는 난쟁이 동상들까지. 뭐 하나 놓치기 아까울 정도로 소소한 재미들이 넘쳐흘렀다. 그중에서도 300여 개에 달하는 난쟁이 동상들은 브로츠와프의 유명한 마스코트다. '브로츠와프' 하면 '난쟁이'부터 떠오를 만큼 관광객들에게 강렬한 인상을 심어주고 있다.

그날 밤을 되짚어보면, 굳이 찾으려 하지 않아도 눈을 돌리는 곳마다 새로운 난쟁이들이 서 있었던 기억이 있다. 동심으로 돌아가 보물찾기 놀이를 하는 기분이랄까. 여하튼 여행자들에게는 빼놓을 수 없는 관전 포인트임에 분명하다.

여러모로 성대했던 유럽인들의 겨울 축제, 브로츠와프의 크리스마스 마켓. 축제에 술과 음식이 빠지면 서운하다. 파티처럼 기쁜 자리에서는 모름지기 잔을 높게 들어야 하는 법. 그날 우리는 뜨겁고 달콤한 와인잔을 부딪혔다. 언젠가 유럽의 크리스마스 마켓에 가게 된다면 깜찍한 컵에 담아주는 따뜻한 와인. 이것만큼은 꼭 마셔봐야겠다고 다짐했었다. 소박하다면 소박하고 원대하다면 원대할 수 있는 나만의 버킷리스트였다. 글쎄. 이것 또한 산타의 선물이려나. 살다 보니 어쩌다 나는 유럽살이를 시작하게 되었고, 그 덕택으로 얼떨결에 소원 하나를 이룬 셈이다.

'내가 이렇게 과분한 선물을 받아도 되는 걸까?'

산타는 어디에도 없다고. 크리스마스 같은 건 영원히 없어져 버렸으면 좋겠다고. 그렇게 속울음을 삼켰던 시절이 있었다. 그런 나에게도 이런 날이 온다. 불행을 딛고 살다 보니 어느샌가 이런 날도 오더라. 조금 오래 기다리긴 했지만 마흔으로 가는 길목에서, 나도 산타를 보았다. 그러니 포기하지 말자. 생은 짧은 듯 길고 불행은 불멸인 것 같아도 어느 한순간에 지나가 버리기도 하니까.

"Merry Christmas"

따뜻한 와인과 달콤한 츄러스

행복할 때 오는 불안

참 이상한 일이다. 정신없이 휘몰아치던 시간도 지났고 엉킨 실타래 같던 숙제들도 어지간히 풀었다 싶은데… 왜 이렇게 불안할까. 무엇이 나를 불안하게 만들었을까. 완벽하다고 말할 수는 없어도 이만하면 남의 나라에서 큰 불편 없이 살고 있고, 게다가 지금은 1년 중 가장 평화로운 겨울 휴가를 보내고 있는데… 이런 와중에도 그 녀석이 온다.

불안이라는 감정은 눈치도 예의도 없는지, 인생에서 가장 행복한 순간에도 불쑥불쑥 고개를 내밀어 '지금 그 행복은 몇년 짜리라고 생각해? 몇 달은 갈까? 며칠? 몇 시간은 가려나?' 이렇게 내 귀에 대고 속삭이는 것만 같다.

그럼 나는 아무런 대답도 하지 못하고 이내 얼어붙고 만다. 어차피 내 속에서 피어난 말이기에, 딱히 대거리를 해야 하는 건 아니지만 순간순간 던지는 녀석의 물음에 어떤 말도 받아치지 못하는 내 모습이 나를 더욱 초조하게 만든다.

사람은 자신이 지나온 길을 근거로 앞일을 가늠하게 돼 있다. 아마도 그래서. 그런 점이 나를 더 떨게 하는 건 아닐까. 여태 내가 걸어온 시간은 밑을 알 수 없는 살얼음판 같았다. 언제 어디쯤에서 깨지고 부서질지 도무지 감이 잡히질 않았다. 아슬한 빙판 위에서 어디로 발을 디뎌야 할지 매 순간 마음을 졸여야 했다. 그렇게 하루하루 최선이 아닌 최악을 피해 아찔한 세월을 걸어왔다.

불안이 도처에 서려 있던 나날들. 그 시절에 마주했던 공포가 지금의 감정으로 되살아난 거라면… 그래, 그럴 수도 있겠지. 이 또한 인생이 주는 짠맛이라 여기면 그뿐인데. 쿨하지 못한 나는 시시때때로 스치는 불안에, 마음을 쓴다.

불안,
너는 왜 이런 순간에도
내 옆에 있는 거니?

차 문이 겨우 닫힐 정도로 트렁크 가득 식량과 옷가지

들을 욱여넣고 스산하지만 멋스러운 유럽의 겨울을 달린 지, 오늘로 벌써 8일째다. 크리스마스이브 아침에 체코집을 떠나, 오스트리아의 겨울왕국인 고사우 스키장에서 짐을 풀고 모차르트의 고향인 잘츠부르크와 지상낙원이 따로 없는 할슈타트를 거닐었다. 마치 꿈속처럼 아득하게 아름다웠다.

사흘째 되는 날에는 오스트리아를 벗어나 이탈리아로 차를 돌렸다. 동북부에 있는 우디네를 지나 아드리아해 북부에 있는 물의 도시, 베네치아와 가까워질수록 기온도 차츰 올라갔다. 이탈리아는 머무는 내내 영상 8도로 따스했고 베니스의 유람선이 데려다준 리알토 다리. 그곳에서 바라본 풍경은 비현실적으로 여겨질 만큼 신비로웠다.

코로나 시국에 이런 호사를 누리다니 믿을 수가 없다. 어느 한순간도 빠짐없이 다니는 모든 날이 눈부셨다. 내 인생에 이런 기회가 또 찾아올까. 두고두고 잊지 못할 8박 9일의 겨울 휴가를 이탈리아와 오스트리아에서 장식했다.

그런데 왜, 도대체 왜… 이토록 기쁜 순간에서조차 마음껏 좋을 수가 없는 건지. 인간은 왜 이렇게 복잡하게 생겨 먹었는지. 이 좋은 여행길에서도 나란 인간은 생각의 늪에서 허우적대고 있다.

오스트리아의 동화같은 마을, 할슈타트

겨울이면 설국으로 변하는
오스트리아 고사우(Gosau)

VE 8151

하지만, 괜찮다. 무언가 불안하다는 건 잃을 게 있다는 얘기니까. 분에 넘치도록 행복하다는 반증일 테고 손에 쥔 행복이 달아날까 봐 겁이 난다는 뜻이니까. 그러니까 기어이 이 평화에 금이 간다고 해도 또 다른 신기루를 찾아 길을 나서면 그뿐이다.

감사의 말

이 순간이 오면 쏟아낼 말들이 하염없이 많을 줄 알았는데 오히려 머리가 하얘집니다. 가진 재주가 이것뿐이라 줄곧 글을 쓰며 살았는데요. 취미로 시를 썼던 학창 시절 때보다, 생계를 위해 방송글을 써냈던 시절보다, 지금의 글쓰기가 가장 어렵게 느껴집니다. 당연한 얘기겠죠. 사람은 누구나 자신을 드러내는 걸 두려워하니까요. 그럼에도 불구하고 용기 내길 잘했다는 마음입니다. 그러지 않았다면 지금의 이 기쁨도 없었을 테니 말입니다.

이 책은요. 저와 제 가족의 이야기입니다. 그리고 어쩌면 당신의 이야기일지도 모릅니다. 우리네 삶의 단면들은 저마다 제각각인 것 같아도요. 전혀 예상치 못한 어느 한 지점에서 우연인 듯 운명인 듯 그렇게 맞닿기도 하니까요. 그리고 바랍니다. 어느 한 구절이라도 당신의 고개를 끄덕이게 했다면 그걸로 족하겠습니다. 그걸로 위안이 되겠습니다. 사람은 큰일 때문에 무너지지만, 정작 일으켜 세우는 건 아주 사소한 손길이더라고요.

지금 이 글을 읽고 있는 당신을 비롯해, 이 책이 나오기까지 감사드릴 분이 굉장히 많은데요. 한국에서나 체코에서나 작가 남편으로 사느라 고생이 많은 김우경 씨와 존재만으로도 선물인 나의 아들, 찬빈이에게 끝없는 고마움을 표합니다. 더불어, 고향에 계신 양가 부모님과 그리운 형제들, 멀리서 응원을 보내준 '내 사람들'에게는 안부 같은 글이 되었으면 합니다.

끝으로… 늘 의욕만 앞서는 딸을 기다려주고 믿어주신 나의 어머니, 김 여사님과 다시 태어나도 당신의 딸이고픈 나의 아버지, 조 사장님께 이 책을 바칩니다.

모두가 붙잡을 때
나는 체코로 이사했다

1판 1쇄 발행 2022. 07. 07

지 은 이 조수필
발 행 인 박윤희
발 행 처 도서출판 이곳
디 자 인 디자인스튜디오 이곳
등 록 2018. 10. 8 신고번호 제 2018-000118호
주 소 서울 송파구 송파대로44길 9(송파동) 4층
팩 스 0504.062.2548

잘못 만들어진 책은 구입하신 곳에서 교환해드립니다.
값은 뒤표지에 있습니다.
ISBN 979-11-977173-5-2 (03190)

도서출판 이곳
우리는 단순히 책을 만들지 않습니다.
작가와 책이 마주치는 이곳에서 끊임없이 나음을 너머 다름을 생각합니다.

홈페이지 www.bookndesign.com
이 메 일 bookndesign@daum.net
블 로 그 blog.naver.com/designit
유 튜 브 **도서출판이곳**
인스타그램 @book_n_design

이 도서의 국립중앙도서관 출판예정도서목록(CIP)은 서지정보유통지원시스템 홈페이지(http://seoji.nl.go.kr)와 국가자료종합목록시스템(http://www.nl.go.kr/kolisnet)에서 이용하실 수 있습니다.